财务自由之路系列

月存300元
实现养老金自由

[日]米安·萨米/著 钟璇/译

中国出版集团 现代出版社

版权登记号：01-2022-3674

图书在版编目（CIP）数据

月存 300 元实现养老金自由 /（日）米安·萨米著；钟璇译 . -- 北京 ： 现代出版社，2022.10
ISBN 978-7-5143-8485-7

I. ①月… II. ①米… ②钟… III. ①投资－通俗读物 IV . ① F830.59-49

中国版本图书馆 CIP 数据核字（2022）第 142543 号

月存 300 元实现养老金自由

作　　者：［日］米安·萨米
译　　者：钟　璇
责任编辑：朱文婷
出版发行：现代出版社
通信地址：北京市安定门外安华里 504 号
邮政编码：100011
电　　话：010-64267325　64245264（传真）
网　　址：www.1980xd.com
电子邮箱：xiandai@vip.sina.com
印　　刷：大厂回族自治县彩虹印刷有限公司

开　　本：880mm×1230mm　1/32
印　　张：6.75　　　　　　　字　　数：128 千
版　　次：2022 年 10 月第 1 版　　印　　次：2022 年 10 月第 1 次印刷
书　　号：ISBN 978-7-5143-8485-7
定　　价：45.00 元

序 言

本书献给所有
追求"安心"与"自由"的人

现在正处于巨大的转型期，也是充满机遇的时期

现在，全球知名投资家都异口同声地说着一件事：

"我们正站在巨大的岔路口。"

经济存在周期性波动现象。

如果学过经济知识，那么你也许听过"经济周期"的说法。

现在，一股经济活动的大潮正向我们袭来。

全球最知名投资家沃伦·巴菲特，全球投资业绩最好的投资家瑞·达利欧，以及潜能大师安东尼·罗宾都在说：

"未来十年将会发生前所未有的、巨大的体系变化。"

我曾在金融界工作多年，这句话在我听来有这样一层含义：

"前所未有的、巨大的机会即将到来。"

聪明的投资家都会在这个"变化的时期"增加资产。

例如，**"巨大的泡沫破裂的时期"** 就是说没有比这更好的时机了。

我认为，如此大好机会一生也许只能遇到一次。

也有人说，这是"百年一遇的机会"。

金钱知识的差距直接导致收入差距

然而，虽然身处充满机遇的时期，绝大多数人却什么也没做。他们只是在巨大的不安和焦虑中原地踏步。

"每月的钱勉强够生活，完全存不下来。"

"只有现在这点收入根本结不了婚。"

"考虑到养育孩子的成本，十分担心未来。"

"现在的公司不知道能撑到什么时候。"

虽然有这样的担忧，但绝大多数人为了维持目前的生活，不换工作，也不改变工作方式，出卖自己的宝贵时间，拼命赚取每月的工资。

也就是说，他们**为获得眼前的"安心"选择了"不自由"的生活方式**。

但每当发生例如多次增税、社会保障制度改革、"比特币"出现等重大社会变革时，你的内心应该多少有过不平静，感到担忧和焦虑，觉得"再不做点什么会有问题"吧？

如果你认为"现在必须有所行动"，还拿起了这本书，那么你很幸运。

"现在必须有所行动"的直觉毫无疑问是正确的。

"应该做什么？"的答案就写在这本书里。

我写这本书是想让你了解**"金钱的本质"**，具备"关于金钱的正确的判断标准"，并希望你能将这些内容分享给更多你爱的人们，哪怕只有一个人也好。

因为在日本，父母、媒体、学校既不教授金钱的历史知识，也不教授增加财富的方法。因此，**金钱知识的差距直接导致收入差距**。

"虽然投资看起来不错，但总有点下不了决心。"

"参加过投资研讨会，但还没开始实践。"

"我买过基金，投资过 FX① 和其他，但收益都不好。"

会有这样的想法和行动，不是你的问题。

从来没有人真正教过你如何增加财富，你自然"不会"。

我也曾为了获得"安心"而牺牲了"自由"

还没有自我介绍，我叫米安·萨米。

从名字可以看出，我的父母不是日本人，而是巴基斯坦人。

不过我本人出生于品川，在横滨长大，某种意义上也算是"日本人"。

我父亲在他 30 多岁时来到日本，靠做汽车出口代理生意养家，是一个吃过苦、久经历练的人。

---

① Foreign Exchange 的缩写，即外汇。主要包括外国货币、外币存款、外币有价证券等。

父亲在几年前去世，他给我们兄弟 4 人留下了"教育"这一宝贵的财富。

因为父亲主张用所有财产投资孩子的教育，所以我们兄弟 4 人都上的是国际学校。我是次子，在美国的大学学习了医疗工学、电子工学和经济学。

大学期间我掌握了科学的思考方法，它们也成为我现在投资方式的基础。

毕业后，我进入跨国证券公司工作。作为顾问，我的工作是**向资产超过 5000 亿日元的 VIP 客户给出如何增加资产的建议**。离开证券公司后，我入职对冲基金，**那时我管理着 6000 多亿日元的金融商品**。

那段时间，我详尽而深入地学习了金钱的本质与金钱的历史，这对我后来预测市场动向非常有帮助。

乍一看，这是一段非常出色的履历。但是，就算身在金融行业，收入颇高，但如果整天忙于工作，**无法享受个人时间，那也跟普通人一样，"安心"却不"自由"**。

在金融行业工作的时候，我拼命工作，每天处于极度紧张的状态。虽然才 25 岁就收入不菲，但经常被时间追着跑，时常感到焦虑，总觉得自己拖着沉重的物体。

这样的生活持续几年后，我身心俱疲，最终陷入抑郁，而且头发也一去不复返了！（笑）

出卖自己的体力和时间，努力工作，足够生活的收入也就每月按时进账。那时我的确感受到了"安心"，但完全没有体会过身心得到解放般的"自由"。**这正是为保证"安心"而牺牲了"自由"。**

然而，步入不惑之年后，甚至连这种"安心"也转为"这样下去真的好吗"的巨大"不安"。

于是我尝试各种投资，投入几乎所有收入，反复试验研究。其中大多数遭遇连续失败，我也一度被逼到破产边缘。

其间两个孩子先后出生，我开始认真思考孩子们的未来和自己的生存方式。

另外，我也从各种各样的失败中**领悟到光学习投资方法不够，还需要认识金钱的本质，甚至还不断在投资前调整思维模式。**

于是，**不仅我的资产开始惊人地顺利增长，同时我也收获了"安心"与"自由"。**

在本书中，我将我的实践总结成简单的，即使是孩子也能复制的方法。①

我现在有 4 个孩子。我曾向大儿子学校的校长先生提出请求："为什么学校不教孩子金钱知识？请在课堂上教教他们！"

但校长先生以"给孩子讲钱是一件不好掌握分寸的事

---

① 本书作者教读者创建"月存 5000 日元，收入自动增加的系统"。5000 日元从近年日元兑换人民币汇率来计算，则为不到 300 元人民币，故有此中文版书名。——编者注（如无特殊说明，其余皆为译者注）

情……"为由拒绝了我。

因此，我决定亲自教儿子投资的乐趣。

儿子现在享受投资，目前热衷的是虚拟货币。

接下来我要讲的投资方法是非常简单的方法，即使是小学生也能理解。运用这个方法，理财年利率甚至有可能超 20%。为了将我儿子实际在用的这套方法介绍给你，我写了这本书。

这不是能让你一攫千金的书，而是一本科学的书

这本书写的是经过科学证明的事实，以及从明天起任何人都可以实践的"最可靠、最简单的增加资产的方法"。

这不是一本以赚取大量金钱为目的的"煽动人心"的书，而是一本科学的书。

为方便起见，本书将"科学"定义为："经数据论证，任何人均可复制。"

曾是金融圈人士的我会把其他有钱人不愿教你的"真实的情况"告诉你。

我很肯定地说：

有钱人和没钱人的思考与行动的方式差别不大。

如果能了解"金钱的本质"，掌握"关于金钱的正确的判断标准"，增加财富其实非常简单。

而且，财富增长带来的不单是"出卖自己宝贵的人生时间，拼命赚取月薪"才能换来的短暂的"安心"。

财富自然增长能同时收获长久的安心和自由的时间。

如果能按照本书中的 6 个步骤去做，任何人都能在个人时间不被剥夺的情况下科学地增加资产。

年利率超 20% 的增长不是空想，是可以实现的。

读完本书后的目标意象是：同时获得关于金钱的真正的"安心"和"自由"的时间。

我希望获得了"安心"与"自由"的你，能与你爱的人度过更加丰富美好的人生。

4 个男孩的父亲　米安·萨米
2018 年 6 月

本书结构

> 第一章：用 7 个问题搞清楚自己是否在不经意间陷入了"贫穷思维"

> 第二章：了解"金钱的本质"与"金钱奴隶系统"

> 第三章：认识"你的资金流向"与"脑内奴隶系统"

> 第四章：了解即使学习了投资方法也无法付诸行动的原因

> 第五章：教你如何改写潜意识，从"脑内奴隶系统"中解放出来

> 第六章：教你如何跳出"金钱奴隶系统"，获得"安心"与"自由"

* 本书内容基于截至 2018 年 6 月 1 日的日本法律法规和信息，并增加了部分截至 2020 年 10 月 1 日的最新信息。

* 关于本书中的"收益率"：在解释确定据出年金 ①、小规模企业互助 ②、NISA ③

---

① 确定据出年金：在日本，根据固定缴款及投资收益总额确定未来发放金额的个人养老金制度。详见第 145 页。

② 小规模企业互助：在日本，以小企业经营者或公司等高管为对象，为保障其退休后生活稳定或支持业务重构而预先储备资金的互助制度。亦可称为"经营者的养老金制度"。

③ NISA：日本通常会对卖出投资的股票、基金等金融商品获得收益的部分征收 20% 左右的税。NISA 是一种小额投资免税制度，使用"NISA 账户（免税账户）"购买固定金额范围内的上述金融商品，所得收益享受免税，即无须交税的制度。该制度是仿照英国的 ISA（Individual Savings Account= 个人储蓄账户）制定的"日本版 ISA"，被称为 NISA（Nippon Individual Savings Account）。NISA 有以成年人为对象的普通 NISA、积立 NISA，以及以未成年人为对象的青少年 NISA 三种。

等税收优惠制度（见第42页图2-8）时，"收益率"指"净收益率（税后收益率）"。除此之外，在介绍包括瑞·达利欧与沃伦·巴菲特等人的投资组合在内的一般投资时，"收益率"指"表面收益率（税前收益率）"。

　　*投资个别金融商品时，请在仔细确认信息后基于自身情况进行判断。作者及出版社对因使用本书导致的所有损失等概不负责。

目　录

1

第五章　改写潜意识，转换为"富有思维"

第六章　创建"月存 5000 日元，收入自动增加的系统"

第一章

认识到自己是贫穷思维

◎ 认识你自己。——苏格拉底（哲学家）

第 1 步

意识到"自己是奴隶"的 7 个问题

　　像过去的我那样，工作赚钱却仍然无法获得自由的人，我称之为**"贫穷思维"**人群。它指向的是像奴隶般一生不停在工作的人。

　　而财富增长，并拥有可支配的时间的人，我称之为**"富有思维"**人群。也可以说，"贫穷思维"人群是赚了钱却无法获得自由的奴隶。

　　增加财富的第一步，是要**意识到自己受社会和父母的影响**，不知不觉已经变成**"用贫穷思维思考的奴隶"**。

　　接下来有 7 个问题。请你尽可能坦率，并凭第一感觉回答。关键在于，**基于自身实际行动得出答案**。

　　以下每个问题之后写有该问题的意图和解说，思考答案前先不要翻看。

　　那么，接下来请看第一个问题。

Q1: 你正在为赚钱而工作吗？

　　也许有很多读者会回答："一定回答是呀！"也许也有人回

答："当然是为了钱，但也不全是为了钱。工作还是为了自我成长，实现自我价值呀！"

我认为这个回答非常好。

但是，这个问题的意图不在此。

"我工作是为了赚钱。"你在这样想的时候就已经陷入奴隶思维了。这是不折不扣的"贫穷思维"。

那么，"富有思维"人群是如何思考的呢？

不是为了赚钱让自己像奴隶一样工作，而是为了获得"安心"与"自由"，让钱像奴隶一样为自己工作。他们是这样想的。

举个例子，我投资不动产。这笔钱没有任何怨言，365天24小时不间断地为我工作。

也就是说，我利用钱这种本身没有价值的东西，来获得真正有价值的东西。**"贫穷思维"是"为了赚钱而工作"，"富有思维"则是"通过让钱工作，来获得安心与自由"。**请牢记这一点。

Q2：1万日元和1小时，哪个更重要？

揣摩该问题意图的读者也许会这样想："反正最终的正确答案肯定是'1小时更重要'，而且还会用'时间比其他事物更重要'等理由来解释吧！"

不，不是的。这7个问题，并非为了追究好与不好的问题，而是为了让你意识到自己是"奴隶"的问题，从一开始就没有正确答案。因此，无须过度解读。

如果你回答："人生的时间是有限的。所以相比 1 万日元，1 小时更宝贵。"那我要问问你：

"你以什么价格把比 1 万日元还宝贵的自己的 1 小时卖给公司了？"

换言之：**"你的时薪超过 1 万日元了吗？"**

如果答案是否定的，那你说的和做的就不一样了。

如果答案是"我的时薪超过 1 万日元了"，那么现在辞掉这份工作，钱是否仍会为你赚钱并创造"时间"呢？

时间有限，而金钱无限，因此我也认为 1 小时比 1 万日元重要。所以，为了不浪费自己无可取代的时间，我**创建了一个金钱自动增加系统，"让钱为我创造时间"。**

Q3：拥有了一户建①就幸福了吗？

我很肯定地说：**只要买了房，贷了款……就会立即变为奴隶！**

但即便如此，还是有很多日本人的思想依然被父辈流传下来的"符咒"所束缚，即成为所谓的"一国一城之主"才算是独当一面的思想。

---

① 一户建：20 世纪 60 年代日本出现的独院住宅，由一个小院加停车场、部分私有道路，以及两三层的木造小楼构成。

我也理解那些想买房，也是想为自己买安心的人的心情。

但是，**自有房产大多数情况下不是资产，而是负债**。我只会认为这种背上 30 年贷款，背上必须工作一辈子才能还清的借款的行为，无疑会促使你为随时间推移而贬值的"自有房产"这一负债，主动选择走上奴隶的道路。

为什么这么说呢？因为只有有钱人才买得起车站附近等交通便利的地段的那些能够转卖获益的优质房产。大多数人只买得起还清贷款时会贬值的房产。

"可如果还清了贷款，房子就是自己的，那不比租的房子好吗？"

你是这样想的吗？如果你想做 30 年的奴隶，那么请买房。

再说一次，这 7 个问题不是为了弄清"好或者不好"，而是在追问："你是不是奴隶？"

富有思维人群只会购买能转手的高价值房产，或者**非自住但能收取房租的房产**，即"让房子为我赚钱"。

不过，能实现这一理想的人寥寥无几。

Q4：你憧憬年收入 3000 万日元吗？

如果是非常普通的公司职员，别说 3000 万日元，1000 万日元也相当令人向往了吧。但是，富有思维人群的回答是"NO"。

这并不是说年收入 3000 万日元很少，而是**憧憬"高年收"本身就是贫穷思维**。

在我还是一名金融从业者时，我的年收入超过 1 亿日元，但是缴纳的税多。生活水平提高后，开支也大，最后手头几乎没剩下多少钱。虽然不停地工作，但到头来还是无法获得自由，说是悲惨的人生也不为过。

"赚了 1 个亿到头来却什么也没剩下，我这个蠢货！"我当时这样想。

我想说的是，如果只盯着收入，哪怕赚了不少钱，一旦生活水平提高，支出增加，钱还是会不断消失。所以，不要只盯着钱，而应专注于如何增加"资产"。

富有思维人群不在意收入，他们关注"留在手里的，能带来收入的资产"。

一味追逐收入，永远成不了有钱人。

Q5：天气不好是谁的错？

也许你会回答"不是任何人的错"。

抱歉，这其实是个陷阱问题。

我想通过这个问题告诉你的是，**富有思维人群认为"天气本无所谓好坏"。**

例如，通勤时段下大雪，大家会觉得天气糟糕透了吧。但对想打雪仗的孩子和正为雪量不足而烦恼的滑雪场工作人员来说，没有比这更好的天气了。

也就是说，关键取决于你如何理解。

有"晴天",有"雨天",有"下雪天",但不存在"好天气""坏天气"。

市场行情也一样。

市场暴跌是"大事不好"还是"机会难得",完全取决于你如何理解。

顺便说一下,对投资者来说,股市暴跌是不可多得的机会。我也曾在地价暴跌之时倾尽所有财产四处购入不动产,并获得成功。

总而言之,**怪罪外部环境**,认为"因为经济不景气,所以收入没有增加"的是贫穷思维。而**关注自己的想法和行动**,思考"在这样的经济形势下该如何增加资产"的才是富有思维。

Q6:你想交多少税?

"税当然是一块钱也不想交啊!"

我似乎听到了夹杂着愤怒的声音,但现状却是**被迫交各种税**……

如果是公司职员,都得按时足额上交预扣税这种不想交也得交的税。

和"1 万日元和 1 小时,哪个更重要"的问题一样,你的回答与行动是矛盾的。

关于国家从国民(尤其是公司职员)手中收税的"奴隶系统",我们会在第二章详细解释。总而言之,**"不想被收税"**却不采取任何措施的，是"陷入贫穷思维的奴隶"。

"话虽如此，但我住在日本就不得不交税。"

你这样想？这种"将原因归咎于外部环境"的想法就是贫穷思维。

节税（不是偷税漏税哦，以防误解）并增加个人资产的方法还是有的。你只需要松开自己内心"对钱踩下的刹车（洗脑）"（见第五章），实践任何人都可以做的理财（见第六章）。

告诉你一个重点，只需要建立一个**从工资中预先扣除固定金额，将这部分钱交给未来的自己的机制**就可以。

Q7：你喜欢借钱吗？

也许你会想"你刚刚说'只要背上房贷就立刻成为奴隶'，现在又问这个问题"？

但是，富有思维的回答是"Yes"。

准确地说，**虽然并非"喜欢"借钱，但越是有着富有思维的有钱人，越主动借钱。**

到底是为什么呢？

答案很简单。世界上其实有"好的负债"也有"坏的负债"。

必须由自己持续还款的房贷和车贷，不用说，是"坏的负债"。这种"坏的负债"把人变成奴隶。

而"借钱购入不动产，把不动产租出去，收取租金"的负债，由别人而不是自己偿还，就是"好的负债"。这种"好的负债"

会让你富有。

要自己还的是坏的负债；由别人还的是好的负债。简单吧？

富有思维人群对"好的负债"很积极，通过租金、利息、分红等增加资产。

因此"坏的负债"不能背，但可以背上"好的负债"。

维持奴隶状态不变将会变怎样

看完以上 7 个问题,你觉得怎么样? 是否意识到自己是"陷入贫穷思维的奴隶"了呢?

即使全部回答与书中不一样, 也不用介意。我曾经也一样。

这本书就是为这样的你而写的。

正如我反复说到的,我并非说贫穷思维不好,只是希望你**认识到自己是奴隶这个事实。**

如果你认识到了这一点却依然觉得**"我保持奴隶状态就好",那是你的自由。**

如果你说 "我一生是奴隶也没关系", 那你可以不用继续读这本书了。

只是有一点——

在日本, 虽然一直以来有国家提供资金, 设立 "生活保护制度"① 等制度,以保障国民生存和生活,但今后未必依然如此。我认为, **今后国家和社会不可能再一直照顾你, 直到你死去。**

那些负债累累却无法再继续工作的奴隶会无可奈何。

---

① 日本最低生活保障制度。

11

裁员、受伤、疾病、因长期护理亲人而退休……让你突然无法继续工作的风险有很多。

奴隶脚下的基础实在太脆弱了。

金融界有这样一句话：

最大的风险是"什么都不做"。

如果你通过这7个问题意识到"自己也许是奴隶"，那么……

这不是一本单纯教你如何增加收入的书，这是一本教你如何获得安心与自由的书。

我希望你通过本书，迈出摆脱奴隶生活的第一步。

图 1-1　富有思维与贫穷思维的差异

第二章

了解『金钱奴隶系统』的真实面貌

◎越是认为自己自由的人，越是被奴隶。
——约翰·沃尔夫冈·冯·歌德（德国诗人）

第2步

"钱"本身没有价值

在探讨如何增加财富的话题之前，我先提一个问题：

钱究竟是什么？你能明确解释吗？

你是否也想着"我想要更多钱！""如果收入再高一点就好了！"，但意外地不知该如何回答？

有一天，我儿子从 KidZania① 回来后这样对我说：

"爸爸，我今天去 KidZania 干了很多事情哦！我长大了要努力工作，赚很多钱，成为有钱人。"

"想成为有钱人很简单，只要让更多的人幸福就可以了。"

我这样回答他，还画了一幅图（图 2-1）给他看。

---

① KidZania：1999 年 9 月 1 日诞生于墨西哥，世界上第一家面向儿童设计的职场体验公园。

解决问题
的对价

果汁 ＝ 价值

100%
橙汁

保存价值的容器 ＝ 钱

图 2-1 "钱" = 保存价值的容器 "价值" = 解决问题的对价

接着我问儿子:"你觉得这个图里重要的是容器,还是装在容器里的果汁?"

听完,爱喝果汁的儿子立马满脸笑容地回答我:"装在容器里的东西!"

为了让儿子们明确区分"价值"与保存价值的"钱",我给他们讲了好几次这个故事。

这里我希望你认识到:如果想赚钱,**应该关注钱所包含的"价值",而不是"钱"本身。**

也就是说,要关注倒在容器里的是"果汁含量100%的果汁",还是"不含果汁"。而很多人光意识到获得的"容器"等于"钱"。

赚钱是"在你通过某种方法解决了某个人的问题时对你支付的对价,即报酬"。

这被称为"价值"。

换言之,如果为更多人解决更大的问题,就能获得更多价值。

如果解决的只是少数人的小问题,就只能获得较低的价值。

道理非常简单。

但绝大多数人在每天的工作中并未带着"解决问题"的意识,只是拼命处理被交代做的眼前的事情而已。

也就是说,明明贡献不高,关注点却停留在如何获得更高对价的是贫穷思维。

富有思维关注的不是对价，而是明确地意识到要解决更多问题。

这样一来，注入容器的"价值"自然而然会增加，到手的钱也必然越来越多。

可以看出，**贫穷思维与富有思维的这种对钱的意识截然不同。**

我再讲一件遗憾的事情：

其实，就连**你努力工作赚的那点"钱"也不能称为"钱"**。

纸币不是"钱"

国际货币基金组织（IMF）的官方网站[①]明确对"钱是什么？"下了定义。

根据此定义，要**被认定为"钱"必须满足以下3个条件：**

①**价值储存手段（Store of Value）**

以某种形式储存（注入）我们的价值（解决问题的对价）的容器（非价值本身）。

②**必须是交换媒介（Medium of Exchange）**

1万日元能够"交换价值1万日元的东西"，才能被认定为钱。不能交换，就不能称之为钱。

③**都具有可互换性（Fungible）**

我的1万日元与你的1万日元具有相同的1万日元的价值。面值一样而价值不同的不是钱。

不能同时满足这3个条件的，不能称之为"钱"。

然而根据这个定义，你持有的"纸币"这种容器准确来说不能被称为"钱"。

因为叫作纸币的容器不是①"价值储存手段"。换言之，

---

① http：//www.imf.org/external/pubs/ft/fandd/2012/09/basics.htm。

纸币这一容器没有保存住价值，反而任其漏出去了。

价值一天天减少，总有一天装在容器里的价值将完全消失。会消失的东西就不能被叫作"钱"了，对吧？**你钱包或银行账户里的"纸币"的真实身份**不是纯粹意义上的"钱"，而是**"不断贬值的纸片"**。

但是，很多人为**了得到这些纸片努力工作，拼命得到后便不愿放手。**

接下来，给对纸币是"不断贬值的纸片"产生疑问的人解释一下它的机制吧。

图 2-2 价值从被称为纸币的"容器"里漏出

"钱的历史"是相同事件的重复上演

要想了解钱的真实面貌，就要了解它的起源。

事实上，自诞生以来，钱的历史就重复上演着相同的事件。而且，除最近的纸币外，历史上曾经存在的几千种纸币已全部崩溃。

也就是说，毫无疑问，任何一种纸币都终将失去价值并消失。

为什么会这样？

让我们简单回顾一下钱的历史。

人类最早的"交易"方法是物物交换。接着出现了"石头钱"和"贝壳钱"。

但是，这些钱存在例如"怎么找钱？""这块石头与那块石头价值相等吗？"等诸多问题，因此不能称之为"钱"。

到古埃及时代终于出现了黄金，但由于质量参差不齐，价值不稳定，也未能满足钱的条件。

普遍认为，历史上最早出现由黄金制成的金币并于市面上流通的，是在公元前 600 年左右的古希腊。这是事实上的货币的起源。

因为有了金币，曾是古希腊城邦（城市国家）的雅典商业兴盛，城市繁荣。国家发展后，他们产生了征服欲，于是对邻国发动战争，而打造武器和给士兵发军饷需要源源不断的钱。

如果是近代国家，只需要找中央银行印钞，但金币无法这样操作。那当时是怎么做的呢？往金币里加入铜。

说白了，就是制造假金币。

而这就导致出现了"雅典政府制作的金币不可信赖"的局面，于是人们储藏高纯度金币，使用时则只用假金币。

假币像这样在市场上流通，一旦国家信用丧失，假币因其基于国家信用，价值也将一落千丈。我们将这一规律统称为"格雷欣法则"。

全球货币不断重复的繁荣与衰落正是这样一个过程。

近代国家的纸币也遭遇了与雅典等古代国家的金币相同的情况。虽然说花了钱就需要钱，但是如果政府印钞，市场的纸币价值就会下降。纸币会在政府信用发生动摇的瞬间崩溃。

这里再提个问题：你认为政府随时可以印制的、长远来看有很大可能会逐渐贬值的纸币满足 IMF 定义的"钱"的第一项条件，即"价值储存手段"吗？

100%橙汁

100%橙汁

裂缝变大
浪费钱的朝廷
（政府）

啊呀呀

通货膨胀税

没有底的容器（钱）
无法保存的价值

小偷

图 2-3　纸币的命运是不久便失去价值

26

回顾近代纸币的历史就能迅速了解到真实情况。

1913 年以前还可以和黄金进行等价交换的纸币在第一次世界大战后贬值,无法再与之进行等价交换。

随后,除美元外的其他纸币在 1944 年以后陆续失去了价值。唯一有价值的美元成为基准货币,并达成了美元可以兑换黄金的规定。

后来,美国在越南战争中大量消耗并不断印发纸币。国际社会对美国的信任出现动摇,其他国家开始用本国持有的美元兑换黄金。这使得黄金减少,无法再用美元兑换黄金。

从这个过程可以看出,**纸币以与雅典金币相同的模式衰落。**

顺便说一下,英语里纸币被叫作 "Fiat Money" [①],与 "钱"有明确区别。

个人认为,这种由 "现代纸币的衰落" 导致的信任感下降**和对纸币担忧的显现,是当前 "虚拟货币" 兴起**的原因之一。

雷曼危机 [②] 后,2009 年 1 月,世界上第一种虚拟货币——"比特币" 出现了。

受雷曼危机影响,美国 "疯狂印发钞票"。而在这股余波

---

① Fiat Money:英语,法定货币。

② 雷曼危机:2008 年 9 月,位于纽约的美国投资银行雷曼兄弟破产引发了蔓延全球的金融危机。

冲击日本时，"钱目前的情况是不是有点糟糕？"的看法也逐渐蔓延开来，"一起创建一个名为比特币的人人认可的公平体系"的想法也在加速其进程。

于是，现在出现了运用区块链和哈希图等技术创造更加公平的社会新动向。

你被征收了"看不见的税"

话题回到现代。目前流通中的 90% 以上的"钱"不过是往来于系统中的"数字"。

工资直接被汇入银行，增加的只是账户里的数字。

不用说，**这个数字是银行系统认可的"钱"**。去银行提取现金时，银行核对存有取款人的钱的存折，确认"的确有余额"后，将"数字"换成"现金"给取款人。

去银行就能换取现金，把钱存在银行也不会被小偷偷走。

这看上去十分安全。

但是，请思考一下。政府增加货币的流通量，即现代所谓的**"增发货币"**会导致市面上流通的货币贬值。经过上一节的说明，你应该能理解这一点。

货币一旦贬值，就会引发通货膨胀。例如，**"通胀统计率 2%"就是你存在银行的钱贬值 2%**。

"增发货币"实质等同于提高税率（这是通货膨胀税）。

税只有"看得见"和"看不见"的区别。

竞选时若提出"提高消费税"必然败选，因此政治家会使用"印发货币，提振经济"这样的表达方式。**通过印发货币，**

降低你存在银行里的钱的价值……换句话说就是"偷"你的钱。

你是否听老一辈人说过"以前一个月薪水5万日元。那时候的5万日元相当于现在的30万日元"之类的话?

"过去的钱比现在的钱更值钱"是世人皆知的事实。

这就是**中央银行大量印发货币,"持续降低货币价值"引发的现象**。

美国纸币的价值在这100年间下降了98%。也就是说,100年前的100美元到现在仅值2美元。

日本尤其在实施"安倍经济学"后,以即使放眼全球也算得上是很快的速度不断印钱。

印钞票,用钞票购买国债后,如图2-4所示,中央银行(日本银行)对名义GDP①比例的资产负债表规模扩大。

国家通过印发货币,不用增税便能从国民的口袋里掏钱。

请认识到这一点:即使你什么都不做,你存在银行里的钱也在持续贬值。

---

① 名义GDP:Nominal GDP,也称货币GDP,指以现行市场价格计算的既定时期国内总产品和服务的价格总和。

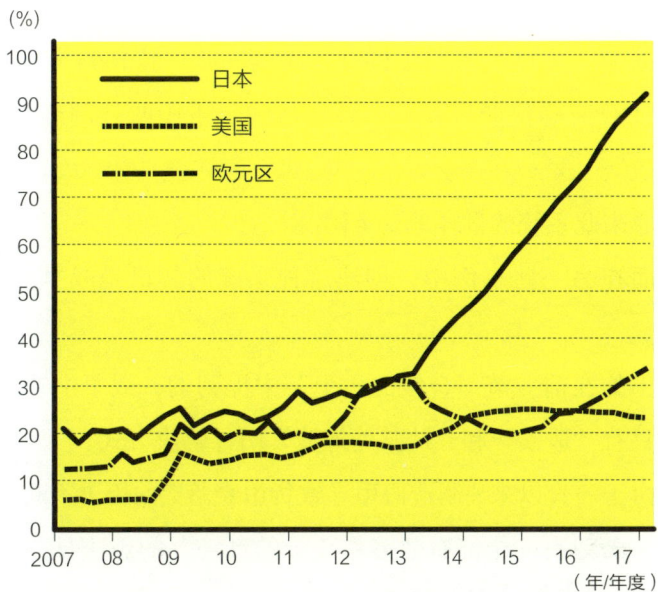

由日本综合研究所根据日本银行、内阁府，美国联邦储备银行、商务部，欧洲
中央银行、欧盟统计局的资料制作

**图2-4 日本、美国及欧元区中央银行的资产负债表
（对名义 GDP 比例）**

将你困住的"金钱奴隶系统"的全貌

据说，英格兰银行（Bank of England）于 1694 年最先创建了让政府确保能有效、巧妙地从国民手中收钱的经济"奴隶系统"。

原来此系统的发祥地是英国。

而在另一些事例中，创建这种系统的契机是战争对钱的需求。

正如在前一节"金钱的历史"中提到的，战争中缺钱时，基本只有"造钱"和"从某处筹钱"两种解决方式。

由于一直以来"制造假币导致货币衰落"的历史不断重演，因此**"希望有一个能有效筹集资金的系统"**的想法日益强烈，最终这催生了"金钱奴隶系统"。

无论是美国的中央银行制度 FED（Federal Reserve System），还是日本银行，都以英格兰银行创建的这一系统为基础。

为了让你认识这个系统，这里介绍一下日本的"金钱奴隶系统"的全貌。虽然有些复杂，但请一边看"金钱奴隶系统"的整体图（参考图 2–5）一边努力跟上。

首先，"政府"位于系统的中心。

政府在"社会保障""公共事业""文教与科学振兴"等方面需要用钱。

那么钱从哪里来？从"税"来。

但是，当花的钱超过收的税时，钱就不够了。

那怎么办？政府通过让银行购买名为"国债"的纸片（过去有一种叫"国债证券"①的纸片，但现在只是数字）的方式，向银行借钱。

购买了政府的"国债"的银行把买来的"国债"卖给中央银行兑换成钱（顺便说一下，我以前在金融机构的工作就是从政府手中购买日本国债再把它卖掉）。

这部分内容理解了吗？

那么，中央银行购买"国债"的钱从哪里来呢？

是的，正如你所推测的那样，中央银行拥有"印钞"的特权。

只需按下印钞机的按钮，钱就从印钞机里出来了，像"万宝槌"一样。

中央银行的账户里没有钱。一张1万日元纸币成本约为20日元，因此有需要时，只需按下印钞机的按钮就可以。

顺便说一下，虽然日本银行也像股份有限责任公司一样发

---

① 根据1948年《日本证券交易法》，国债证券表示对国债的权利的证券。政府发行，原则上无记名。

行出资证券①，但《日本银行法》中明确规定"（日本银行）非股份有限责任公司，不召开股东大会"，而且也没有公开持股人信息。

这个"金钱奴隶系统"的厉害之处在于，查询后可以发现，它的绝大部分机制是公开的，只是非常不容易理解。

说回政府。政府通过银行将"国债"卖给中央银行，因此事实上是向中央银行借钱。

因为是借款，所以必须偿还。

可由于金额巨大，别说还清本金，就连利息也只是勉强才能还上。

"代扣代缴②制度"对此进行了补充。这一制度最早是英国政府在18世纪拿破仑战争爆发期间，为从国民手中收税，以消化为筹集战争资金发行的公债而制定的。

日本目前的真实情况是：利用这一"代扣代缴制度"，自动从国民手中收税，并将其全部用于支付"国债利息"。

可以这么说，**公司职员在为政府支付中央银行的借款利息交税。**

---

① 根据《日本证券交易法》，出资证券代表特殊法人的出资成员股权的有价证券。与股票不同，这对分红规定了固定比例的保障和限制。剩余资产分配以出资额为限。仅有日本银行发行。

② 代扣代缴（Withhold and Remix Tax），指持有纳税人收入的单位和个人，根据法定义务在支付纳税人收入的同时，从所持有纳税人收入中扣缴其应纳税款，并代为汇总向税务机关缴纳税款的方式。

回到刚刚的话题，现实就是，中央银行用印钞机印钞，印得越多，政府还回来的利息就入账得越多。

因此，**中央银行只赚不亏**（日本其实也存在限制中央银行独吞利润，从而使钱回到政府手中的机制，但这里就不展开了）。

所以，所谓的"银根放松"的真相不过是中央银行在说"我会印钱购买国债。作为交换，我会让资金流向市场"。

政府对中央银行说："印钱吧。"→中央银行说："好的，作为交换，你要付利息。"→政府回答："知道了。我会增税，从国民那里收钱。"

好的，结束！这就是一直以来的增税过程。

但事实上，如上文提到的，由于一旦提高消费税势必败选，因此政府印钱，推动通货膨胀，降低钱的价值，来用这种方式从国民口袋里拿钱。

其实政府已经明确表示将设定并致力于实现每年 2% 的通货膨胀率目标。如果该目标达成，**几乎可以确定，你存在银行的钱每年会贬值 2%**。

据说，尽管被日本银行视为指标的消费者物价指数的上升比例不到 2%，但国民仍直观感受到通胀率已经超过了 2%。

勤恳工作，却被预先扣税；存在银行，利息少得可怜；只是存着不再进行理财投资，眼看着贬值。与此同时，物价上升，背负着贷款无法辞职，因为恐惧既不敢借钱又不敢投资……

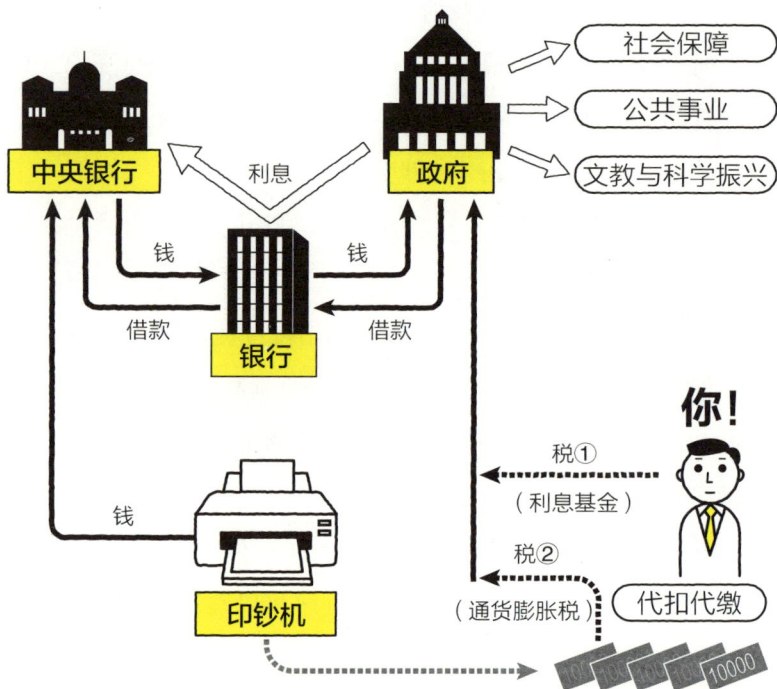

图 2-5 困住我们的"金钱奴隶系统"的整体图

　　这就是困住众多日本国民的 "金钱奴隶系统" 的全貌。

　　要维持该 "金钱奴隶系统"，不能没有银行。这就是为什么遭遇金融危机时，政府会尽全力帮助银行。

　　还有一点，虚拟货币对中央银行最大的特权——"印钱"构成威胁。

　　不受中央集权政策管辖的虚拟货币不会被特定机构或组织的意志左右。

　　例如，不存在有意增加比特币流通量以刺激经济，或减少比特币发行量以抑制景气过热的情况。

　　因为比特币的发行量上限规定为 2100 万枚，所以也无法通过增加比特币发行量来降低它的价值。

　　理解了这一点再来看政府和银行对虚拟货币的态度，你对于金钱整体相关信息的看法也许会发生改变。

图 2-6 虚拟货币威胁中央银行的货币发行权

是该"储蓄"钞票还是拿去"投资"？

上一节提到，政府已明确提出未来将推动 2% 通货膨胀率的政策。

据此计算，**如果通货膨胀以每年 2% 的速度推进，35 年后，钱的价值将只有现在的一半。**

即使你为孩子存 1000 万日元在银行，等到孩子继承这笔钱的时候，它也只值 500 万日元。

政府也没有隐瞒这一点。

反而**呼吁国民："所以请花钱吧！"**

花钱，指的是不要存起来，要拿去投资。

政府催促民间企业进行设备投资，也一直催促个人投资，但是并不教大家投资方法。不管是投资的心理定式，还是投资的机制，不说在学校的义务教育阶段，甚至在步入社会后也没有人教你。

叫大家**"去投资"，却不教授方法。**

你觉得是为什么？答案很简单。

因为**几乎没什么人懂得如何投资。**

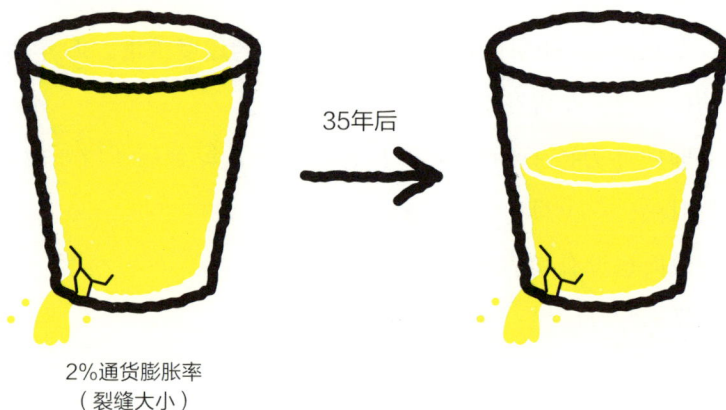

原本满满一杯　　　　　　　　仅剩半杯

35年后

2%通货膨胀率
（裂缝大小）

图 2-7　每年 2% 的通货膨胀率持续 35 年后，钱的价值减半

学校的老师是公务员，^①官僚也是公务员，各位读者的父母大多是工薪族，工薪族的上司当然也是工薪族。

就连本该教人的人也正在用自己的人生交换"纸片"，世界上其实只有极少部分人理解金钱真正的机制并进行实践。

所以，现实就是，很难有更多的人懂得如何投资。

另外，政府促使国民投资的例子如，建立并完善"NISA（小额投资免税制度）"。该制度虽然有年投资额上限，但可以免缴原本应按 20% 以上的税率征收的分红与收益所得税，这应该没人会拒绝吧。

甚至还有**"确定据出年金"**和**"小规模企业互助"**。

稍微搜索一下就能发现有很多吸引人们投资的政策。

政府从 2013 年左右开始就在说"我们会推出很多政策，请大家利用起来"，并喊话国民**"我们会推动通货膨胀！钱攒在手里只会贬值！拿出来花（投资）吧！我们会向持有现金的人收税"**！

用自己的人生时间交换而来的却注定会贬值的钞票，你会存起来，还是拿着它们利用政府推出的政策创造财富？

哪个选择更划算一目了然。

然而，仍有许多人无法迈出投资的第一步，还在原地踏步。

---

① 根据日本《教育公务员特例法》规定，国立学校的教师属于国家公务员，地方公立学校的教师属于地方政府公务员。

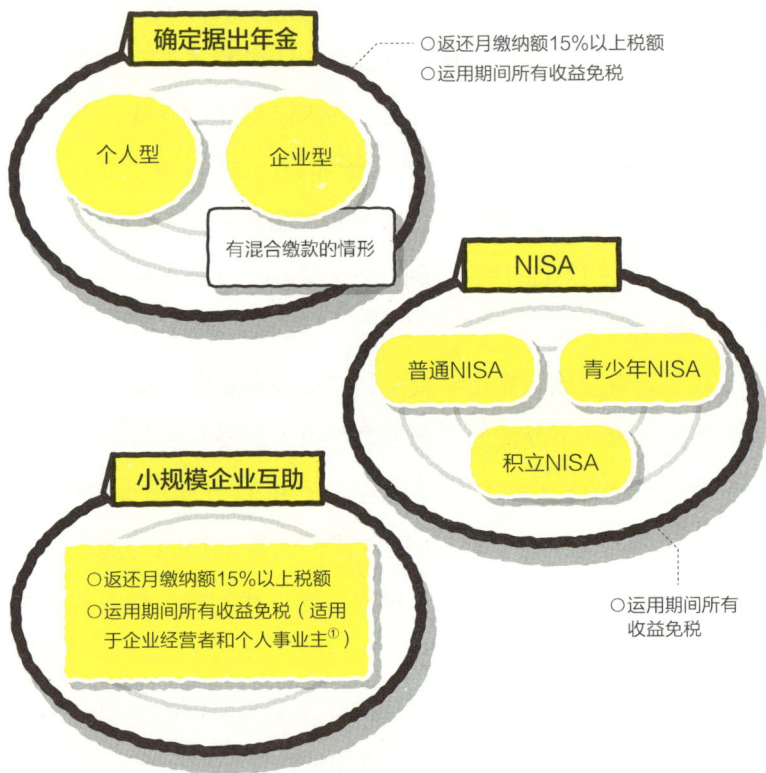

确定据出年金
○返还月缴纳额15%以上税额
○运用期间所有收益免税

个人型　企业型

有混合缴款的情形

NISA
普通NISA　青少年NISA
积立NISA
○运用期间所有收益免税

小规模企业互助
○返还月缴纳额15%以上税额
○运用期间所有收益免税（适用于企业经营者和个人事业主[①]）

图 2-8　政府为促使国民投资而设立的多项纳税优惠制度[②]

---

① 个人事业主：未设立股份有限责任公司等法人，自行独立开展事业的自然人。

② 青少年 NISA 制度将于 2023 年 12 月 31 日结束，之后将不再接受新账户开立申请。

读到这里，也许你也明白投资看起来是不错的选择，但怎么也无法付诸实践。

此时开始行动的是富有思维人群。

他们把手里的钞票换成名为"资产"的其他东西。

第一章的7个问题中的Q4"你憧憬年收入3000万日元吗？"真正想问的是：

是牺牲自由时间换来的"收入"好，还是会创造自由时间的"资产"好？

聪明的投资者会再投资享受纳税优惠政策的资产。

这样即使产生收益，只要方法得当，要交的税也很少。政府为希望投资者来投资的项目制定优惠政策，并发布相关信息。

投资者获得并利用这些信息。

经营者从零开始，通过销售货物或解决问题赚钱；而投资者用现有的钱生钱。

想成为有钱人，只能二选一。

我认识的有钱人没有一个是只存钱不花钱的。

把钞票存着不动的人是奴隶，而把钞票转化为"其他资产"的人是养着这些奴隶的"主人"。

道理非常简单。你想成为"奴隶"还是"主人"呢？

不过，这里再告诉你一个令人遗憾的事实。

不管是已经知道真实情况的人，还是在此刻才认识到这一事实的人，都无法改变其过去的行为。

很遗憾，光是"已经了解情况"不仅不能改变行动，行动模式可能还会进一步固化。

于是，你仍然是奴隶。

无法行动起来增加资产的原因，以及相应的解决办法将在第四章以后的内容进行详细说明。

有现金却是奴隶

装满现金

没有现金
但有资产

保险库空空

股票

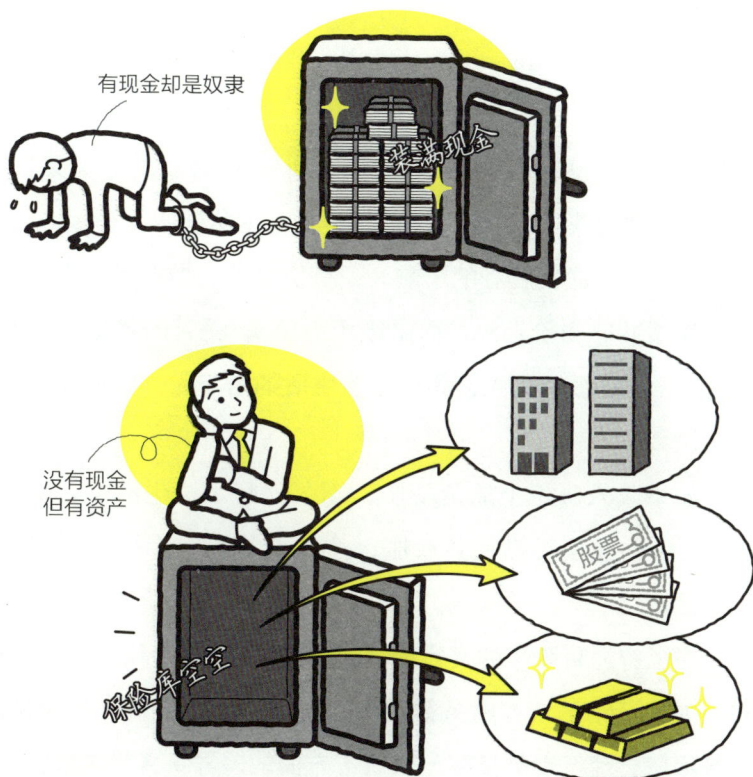

图 2-9 做"钞票的奴隶"还是"利用其他资产理财的主人"

为什么会存在 "巨大的差距"？

本章的最后，讲一下为什么现在政府设立各项制度促使国民 "花钱"。

日本政府没有钱，所以今后也必须一直印钱。

因此政府决定以每年 2% 的速度推动通货膨胀。

但是，受通货膨胀的影响，一旦伙食费、燃料费等物价上涨（实质并非物价上涨，而是纸币贬值），受苦的将是低收入人群：钱存在银行的人、靠养老金生活的老年人，以及我们的下一代。

如果收入赶不上通货膨胀，不久就将无法生活。如果以每年 2% 的速度推动通货膨胀，这些人将难以维持最低水平的生活。

在了解通货膨胀的真实情况后，知道该如何行动的人与不知该如何行动的人在财务策略（理解钱，能作出恰当的决策，具备采取合理行动的技能与知识）方面的差异将直接导致收入不平等，收入差距过大。

政府本不该只设立 "确定据出年金" 和 "积立 NISA" 等制度。如果不一并教授财务策略，那么没有相关知识的人就不会有所行动。

图 2-10 "财务策略差异"="收入不平等"的时代

因此，我写了这本书，想替政府**给大家提供一些思路**。

想行动，真的要趁现在。

改变只会存钱的"奴隶状态"，利用国家设立的制度，把"钱"拿去投资，把钱变为"资产"。

眼下是从贫穷思维的旧思想切换到富有思维的新思路的最好时机。

第三章

认识『你的资金流向』

◎你无法改变你不正视的东西。——约翰·斯宾赛（美国音乐人）

第3步

"资产"与"负债"的明确区别

第三章是"认识'你的资金流向'"。

本章通过查看你的资金流向，再次认识你是富有思维还是贫穷思维，并介绍什么才是"最合理的资金流向"。

首先，请看图 3-1。

这是一张极简版的"利润表"。

上面一栏的"I"是"Income"，即"收入"。

下面一栏的"E"是"Expense"，即"支出"。

简单明了。有进来的钱，有出去的钱。

上面一栏的"I"大于下面一栏的"E"时，表示盈余；反之，则表示赤字。

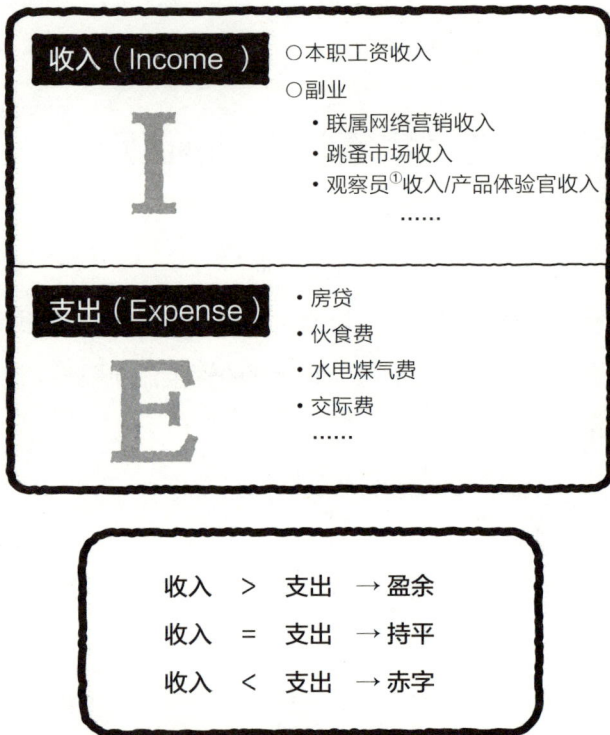

收入（Income）
○本职工资收入
○副业
　・联属网络营销收入
　・跳蚤市场收入
　・观察员[1]收入/产品体验官收入
　　……

支出（Expense）
　・房贷
　・伙食费
　・水电煤气费
　・交际费
　　……

收入　＞　支出　→盈余

收入　＝　支出　→持平

收入　＜　支出　→赤字

图 3-1　我们个人的利润表

---

[1]　观察员：观察企业开发的商品和服务，为企业提供感想和意见的工作。

接下来请看图 3-2。

这是一张简化版的"资产负债表"。

左侧"A"栏为"Asset",即"资产"。

右侧"L"栏为"Liability",即"负债"。

看上去简单,但其实理解方式因人而异。

举个例子。假设你购入了一套 1000 万日元的房子(为便于理解设为整数)。

如果你为购买这套 1000 万日元的房子借了 800 万日元,你认为此时的"资产负债"是什么样的?

自有房产是"资产",800 万日元贷款是"负债",像图 3-2 所示?

但这种想法是错误的。

如果"错误"这个说法有点过分,那么我将它改换成:这是"贫穷思维"人群对资产的理解方式。

这一点在第一章的 7 个问题中的"拥有了一户建就幸福了吗?"里也提过吧。

资产（Asset）	负债（Liability）
·现金	·信用卡账户余额
·存款	·卡贷款①余额
·股票	·汽车贷款余额
·贵金属	·房贷余额　　800万日元
·汽车	
·住房　　1000万日元	
	净资产（Net Asset）

图 3-2　我们个人的资产负债表

---

① 卡贷款：银行与消费者金融等金融机构提供的面向个人的融资服务的一种。使用贷款专用卡或银行的现金卡（cash card），可借入所需要的、在签约时确定的合同限定额度内的金额。

资产（Asset）	负债（Liability）
·住宅　　1000万日元	·房贷　　800万日元
	净资产（Net Asset）
	200万日元

⇩

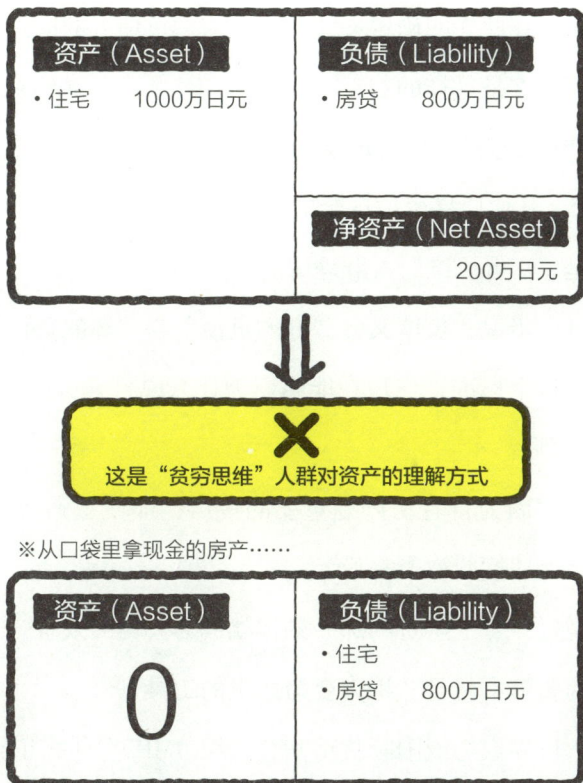

✕

这是"贫穷思维"人群对资产的理解方式

※从口袋里拿现金的房产……

资产（Asset）	负债（Liability）
0	·住宅
	·房贷　　800万日元

图 3-3 贷款 800 万日元购入 1000 万日元的房产时的资产负债表

如第二章所说，**"自有房产不是资产而是负债"**。

如果为了买房向银行借了钱，那么买房人所欠的贷款对银行来说也许称得上资产，但对买房人自己来说只是"负债"。

那么，在此先明确定义"资产"与"负债"的区别。

简而言之是这样的：

资产：往你口袋里放现金的东西。

负债：从你口袋里拿现金的东西。

这是"富有思维"人群理解的"资产"与"负债"的定义。

再进一步说，负债又分"好的负债"与"坏的负债"。

基于这个标准，你现在能明白为什么说自有房产对于你是"负债"了吧？

认为"因为自有房产是重要的资产，即使勉强我也要买"的人永远无法摆脱奴隶身份。

我说过，背上房贷的那一刻你就成为公司的奴隶。

因为**负债**本就是**"把人变为奴隶的工具"**。

不管世界银行或国际货币基金组织（IMF）有什么正当理由，他们都是以高利息借钱给弱小国家从而支配它们。

被称为发展中国家的各国向发达国家借钱，从而成为事实上的奴隶。据说，还发生过政治家因为坚持不借钱而被暗杀的事件。

偏题了，但这就是世界的真实情况。

正如第一章中提到的，总而言之，请将以下这一点铭记于心：

好的负债，他人偿还；

坏的负债，必须自己偿还。

图 3-4　坏的负债（借款）是把人变为奴隶的工具

贫穷思维下的 "资金流向"

弄清楚 "资产" 和 "负债" 的明确区别后，来看 "资金流向"。其实 "资金流向" 只分 3 种类型，让我们一起逐个看一下。

下面先整理一下日本普通工薪族的 "资金流向"。

请看图 3–5。假设是年收入 450 万日元，月收入 30 万日元，夏冬两季奖金合计 90 万日元的工薪族。

首先，在公司将月收入汇入个人银行账户前，有 6 万日元左右的税和社会保险费通过代扣代缴方式被扣除，到手 24 万日元。

接着，减去住宿费（房租或房贷）。

然后，减去每月生活费，如伙食费和交通费，还要减去电费、水费、煤气费等费用。

此外，由于还有负债，要再减去卡贷款、汽车贷款等。

全是开销。双重打击，三重打击。

就算想把剩余的钱存起来，也只有区区两三万日元。如果想去旅行，那一定入不敷出了吧。

"没错没错，就是这样。" 对正在点头的你，感到很遗憾，这就是 3 种 "资金流向" 类型的第 1 种：**"贫穷思维人群的资金流向。"**

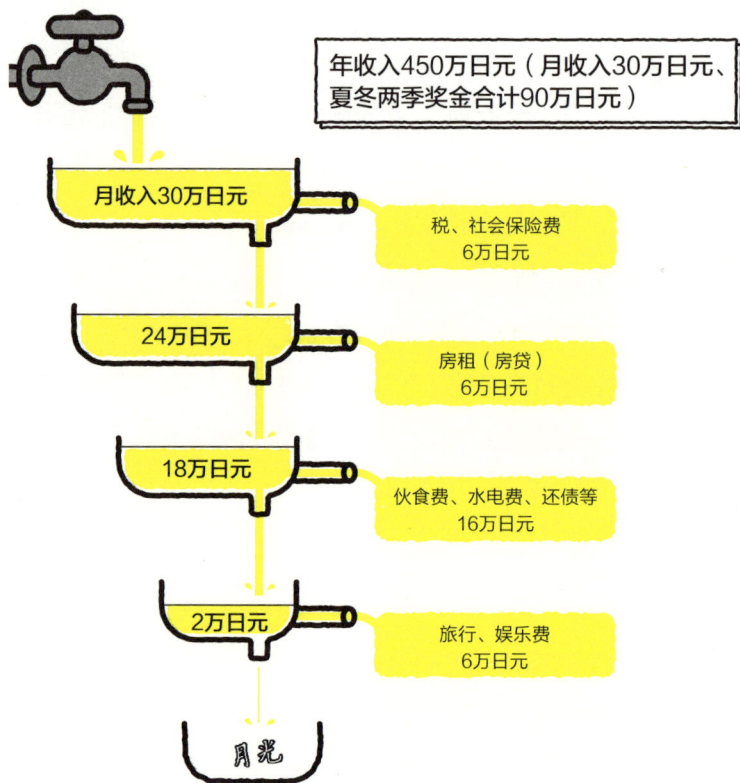

年收入450万日元（月收入30万日元、夏冬两季奖金合计90万日元）

月收入30万日元

税、社会保险费
6万日元

24万日元

房租（房贷）
6万日元

18万日元

伙食费、水电费、还债等
16万日元

2万日元

旅行、娱乐费
6万日元

月光

图 3-5 贫穷思维人群的资金流向

第 2 种"资金流向"类型是：**"自认为富有的贫穷思维人群的资金流向。"**

看过第一种类型的"资金流向"，也许觉得"我工资高情况不一样"的人属于第 2 种类型。

"自认为富有的贫穷思维人群的资金流向"这种说法也许让人不舒服，但我过去的资金流向就属于这一种。

若按职业区分，除金融人士外，医生、律师等通常收入较高的人群多属于这种类型。

请看图 3-6。

资金流向属于这一类型的人，毕竟自己也觉得富有，所以收入是很高的。

假设年收入 5000 万日元，扣除税和社会保险费约 2500 万日元后，实际到手 2000 万日元多一点。

如果到手有 2000 万日元，一般手头相当宽裕，生活水准也自然上升。

于是想"住更好的房子，开更好的车"，结果**本人自认为是资产的负债越来越多**；每天吃美味的食物，去国外旅游，生活水准也不断提高。结果剩不下什么钱……

其实在从证券公司离职，自己经营公司的一小段时间里，我也有过相同的体验，因此我很清楚"由奢入俭"有多难。

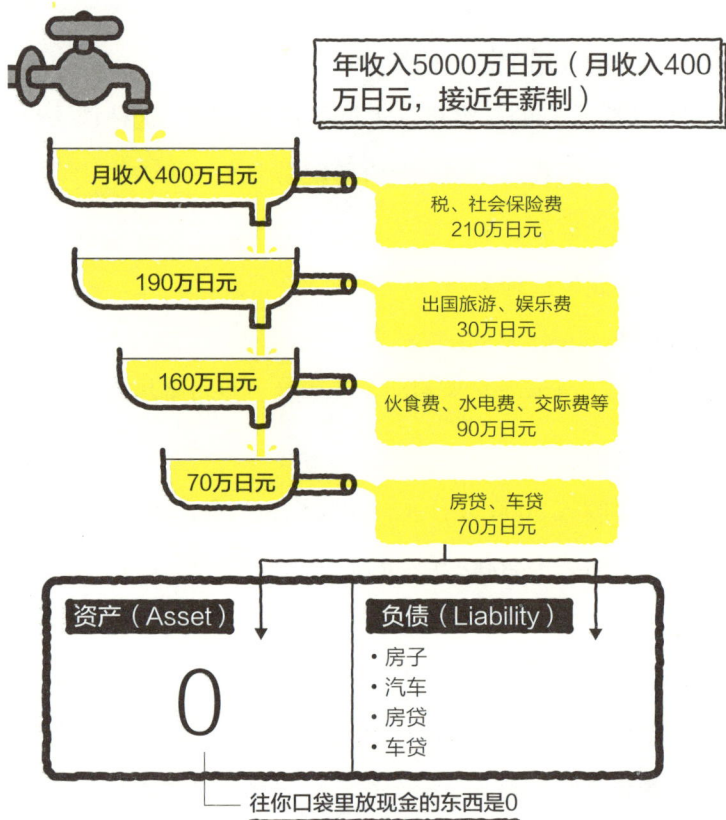

年收入5000万日元（月收入400万日元，接近年薪制）

月收入400万日元

税、社会保险费
210万日元

190万日元

出国旅游、娱乐费
30万日元

160万日元

伙食费、水电费、交际费等
90万日元

70万日元

房贷、车贷
70万日元

资产（Asset）

0

负债（Liability）

· 房子
· 汽车
· 房贷
· 车贷

往你口袋里放现金的东西是0

图 3-6　自认为富有的贫穷思维人群的资金流向

　　我也曾有因为无法降低已经习惯的生活水准而差点破产的经历，最后只能选择重新像奴隶一样工作。

　　收入再多，也还是奴隶呀。

　　这是"资金流向"的第 2 种类型，即"自认为富有的贫穷思维人群的资金流向"。

富有思维下的 "资金流向"

3 种 "资金流向" 类型中,前两种是 "贫穷思维" 下的 "资金流向"。

我想通过本书向你推荐的是接下来要解释的第 3 种类型: "富有思维人群的资金流向。"

请看图 3-7。

首先,有收入和支出。

在"富有思维人群的资金流向"里,**一部分收入将转为"资产"**。

前面是怎么解释"资产"的? 是"往你口袋里放现金的东西"对吧。

将部分收入转为资产的**关键是设置自动预先扣除**。详细内容会在第六章进行介绍。

转为资产,如字面意思,钱将会生钱。

然后,将是赚到的钱优先投资 "不用纳税的投资"。

该投资所得收益就是你的收入。

利用这笔收入增加新的资产,再把收益用于投资……

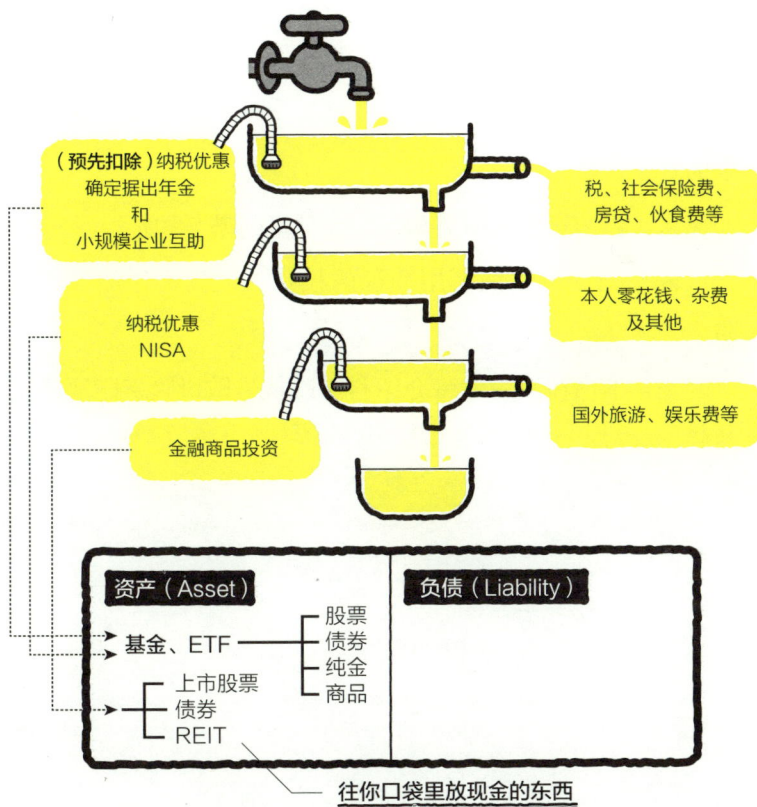

（预先扣除）纳税优惠
确定据出年金
和
小规模企业互助

税、社会保险费、
房贷、伙食费等

纳税优惠
NISA

本人零花钱、杂费
及其他

金融商品投资

国外旅游、娱乐费等

资产（Asset）　　　负债（Liability）

股票
基金、ETF —— 债券
纯金
商品

上市股票
债券
REIT

往你口袋里放现金的东西

图 3-7　富有思维人群的资金流向

这就是第 3 种"资金流向"类型：**"富有思维人群的资金流向。"** 如果通过该投资获得的收入能达到每月 40 万日元，那就可以辞掉工作了。

换句话说，就是**从奴隶生活中解脱**！

"富有思维人群的资金流向"是为了把人从奴隶状态解放出来的资金流向。

那么，你的资金流向类型是这 3 种里的哪一种？

虽说是把钱拿去做不用交税的投资，但投资伴随失败与风险。

因此，本书在第六章将介绍科学降低失败风险、赚取稳定收益的"瀑布投资法"。

了解 4 种工作方式

明白"富有思维下的资金流向"和"贫穷思维下的资金流向"的区别了吗？

作为对知识点的梳理，这里也介绍一下世界上的"4 种工作方式"。

因著有《富爸爸，穷爸爸》系列而为大众所熟知的实业家罗伯特·清崎在其另一本著作《富爸爸财务自由之路——神奇的现金流象限》中**将世界上的"工作方式"分为 4 种**。

我将参阅该象限，介绍我独立思考的"工作方式与资产形成"。

第 1 种是受雇于公司的被雇佣者，即 employee，雇员。也就是那些认真工作、踏实赚钱存钱的人。

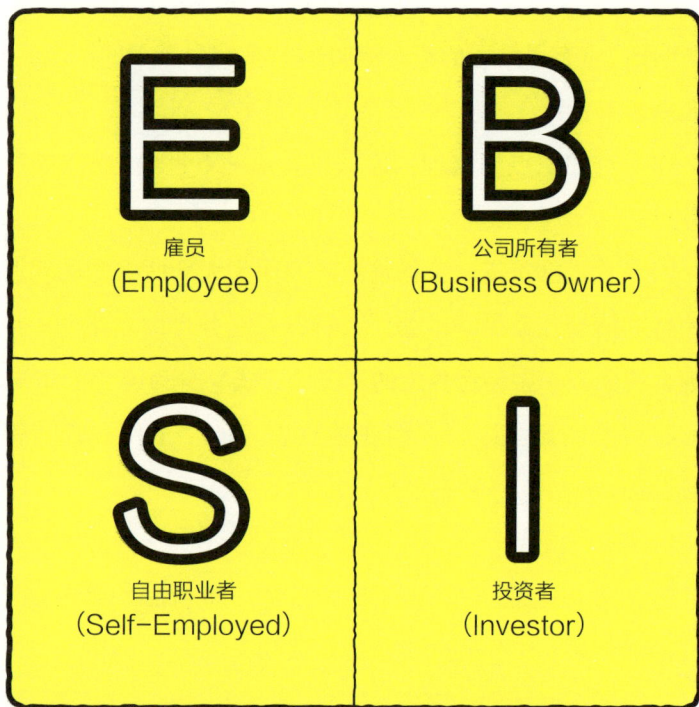

出自罗伯特·清崎著《富爸爸财务自由之路——神奇的现金流象限》

图 3-8   为了赚钱的"4 种工作方式"

第 2 种是**自由职业者，**即 self-employed，直译过来是 "自己雇佣自己的人"，一般指自由职业者或创业者。

第 3 种是提供商业场所的人，即 business owner，公司所有者。

第 4 种是投资者，即 investor。

在这 4 种工作方式中，图 3-8 左侧的两种人——**雇员和自由职业者，是出卖自己在世界上最重要的东西，即宝贵的 "人生时间"，追逐金钱的人。**

尤其工薪族，他们只以 4 个象限左侧区域内的更高层次为目标，例如 "希望升职成为更高级别的雇员"，或是 "希望未来自己能够开公司当社长"，从未想过涉足象限右侧区域。

这么说似乎有些自大，我现在在公司是一个 "被雇佣的社长" 的角色。换言之，如果我离开公司，公司将停摆，根本称不上是公司所有者。

不过，我同时也是投资了不动产等资产的投资者。

我并非想通过这本书劝你辞职，只是想表达：只做金钱的奴隶无法获得自由，这在未来的时代很危险。要像现在的我一样，**至少 "拥有作为投资者的一面"。**

因为维持现状会陷入以下状况：不光被收税，工资也会减少，钱贬值而支出却在增加，即使辛辛苦苦存下一点钱，但是从一整年来看存款完全没有增加……

看到这里，你应该已经认识到自己身处"金钱奴隶系统"之中了。但是，这可能还不足以让你朝投资迈出一步。

要反复强调的是，这不是你的错。

关于这个问题，会在第四章中详细说明。

"奴隶系统"有两种

下一章将解释为什么你明明觉得"那个机会似乎不错",却仍无法踏出第一步的根源。

为了便于理解下一章的内容,这里再说一点关于"奴隶制度"的内容。

那就是,要维护好奴隶系统,有两个关键。

一是剥夺肉体自由。为了防止奴隶逃跑,会把奴隶关进监牢,或给他们戴上脚镣。但这样他们就不具备生产力。

二是不仅肉体,**精神也要奴隶化**。就是"脑内奴隶化"。

简而言之,就是灌输"**逃跑没有好下场**"的思想:

"外面的世界很可怕。"

"逃跑后会无法生存下去。"

"待在这里,乖乖为主人工作是为了你好。"

灌输这些思想,**把潜意识奴隶化了,奴隶就不会逃了。**

在工业革命早期,准时到工厂、听从上司指令、像机器一样工作,那时需要像这样训练雇佣工人。

因此,当时对雇佣工人进行"认真又踏实工作是人应有的正确姿态"的教育,进行洗脑。

也就是说，这对雇佣方来说是养成方便好用的工厂劳动者的洗脑教育。

这样的教育代代相传。

日本的"奴隶化"历史

成体系的日本的"奴隶制度"已经在第二章里讲过。而上一节提到的"脑内奴隶化"在日本当然也有过。

"辞职赚钱非常辛苦。"

"投资会让你倾家荡产。"

"不能向别人借钱。你想借钱吃苦？"

"不冒风险是为自己好。"

"努力踏实工作，过着符合身份的生活是最好的。"

日本的"脑内奴隶化"的基本思想也是"最好不要离开现在的系统"，与过去的奴隶所受的思想并无二致。

尤其日本人里较多的是有"拥有了一户建才真正算独当一面"的印记。甚至可以说，**让人们买房是高度成长期把公司职员变为"奴隶"的国策**。

第二次世界大战后，日本为召集地方小城市的人到首都参与工业化建设，因此向国民灌输"自有房产政策"，呼吁人们在东京买房。

这种"通过洗脑形成的印记"，是从你父母的父母那一代传到你这一代的。

我并非在评价好坏。为支持战后的日本经济及其高度成长，"自有房产政策"等印记也许是必要的。

为实现战后奇迹般的经济增长，需要让国民认识到认真工作，置齐便利的家电，拥有自己的家是幸福的事情。

事实上，这项政策达到了预期。初看之下，国家经济得以发展，被冠以"一亿总中流①家庭"的美称，实现了在世界范围内也算得上是富足的生活面貌的目标。

如果俯瞰就会发现，用自有房产的贷款将国民与公司捆绑，用"代扣代缴"维持精准税收机制，这些**缓慢的"奴隶化"一步步发展至今**。

如果能一直维持这种"刚刚好的生活"也许不错。

但现在经济增长停滞，还有上文提到的不平等加剧，**不管你再怎么踏实认真工作，也无法继续获得"还算可以的奴隶生活"**。

祖父母那一辈人的"幸福的奴隶生活"已经成为缥缈虚幻的事。于是，现在政府意欲推动符合信息革命的教育，如引进主动学习等。

但是一想到接受这些教育的孩子长大，成为父母并继承这一思考方式等的过程，我认为，要最终稳固下来仍需要很长的时间。

---

① 一亿总中流：20世纪60年代在日本出现的一种国民意识，在终身雇佣制下，九成左右的民众都自认为中产阶级，"消费是美德""金满日本"成为当时的社会风气。

图 3-9 日本人被缓慢地"奴隶化"

要破解这种"印记符咒"，首先必须了解大脑的思考机制。

下一章将基于脑科学，来说一说大脑实际是如何思考的。

第四章

认识到『成不了有钱人不是自己的问题』

◎ 常识是 18 岁以前掌握的偏见的集合。

—— 阿尔伯特·爱因斯坦（犹太物理学家）

第 4 步

成不了有钱人，别怪罪基因

我在前几章中好几次提到"做不到不是你的错"。本章将从科学角度来解释它的原因。

不正确认识这部分内容，人就无法摆脱"印记符咒"。

你是否经常遇到有这样说法的人？

"我天生不擅长做某事，根本做不到。"

"那孩子的父母就不聪明，所以他脑子也不会太好用吧。"

这种思考方式的基础大概是遗传基因论"天生如此，遗传了父母的 DNA，所以没办法"这种观点。

但是，**爱因斯坦否定了这种遗传基因论。**

直到现代，爱因斯坦倡导的这一主张才终于获得了支持，DNA 万能学说被明确否定。

总而言之，**遗传基因决定你的一切的说法是错误的。**

再说具体一点，**已经有研究明确表明：遗传基因可以被改变。**

也就是说，不存在以下这些逻辑：

"父母那样贫穷，我也不可能成为有钱人。"

"因为父母是公务员，所以我考虑问题天生保守。"

"我家代代都认真踏实工作，我也不适合投资。"

希望大家能认识到，**用遗传基因逃避问题，不过是你的借口罢了。**

你的 95% 以上的行为是"自动驾驶"

上一节里说到,给你的行动踩下刹车的并非"生来带有的遗传基因"。

那究竟是什么决定了你的行动?

直截了当地说,是"**潜意识**"。你大脑中的潜意识里被写入了"这个事情不能做"的程序。

要摆脱奴隶系统,不仅要认识到"这样的程序以潜意识的形式编写在大脑中",还必须客观审视自己。

如果不能客观地看待自身,那么你不管读多少本书,听多少场研讨会,也绝对无法摆脱奴隶系统。

"潜意识"的能量就是如此强大。比如你准备做一件事,也许你认为自己是"先思考再行动"的,但其实不是。

你的 95% 以上的行为是"自动驾驶"。

就算你没有经过思考,身体也会自己动,会吃饭,会喝水,会走路。

再进一步说,在你以为是自己"绞尽脑汁思考"了一天得出的 1.2 万至 1.6 万次思考中,95% 是"与前一天完全一样的思考",80% 不过是"负面思考"。

也就是说,你今天 95% 的行为是无意识的。

而且，你今天 95% 的思考与昨天的相同。

这种情况一直持续下去，你的人生将不会有改变。

因为，**写入潜意识的程序会替你踩刹车。**

潜意识让你的行动优先于思考

请尝试想象，不，或许你也可以实际动手试一下。

拿起面前的杯子。在这一瞬间，你是先思考"啊，我要拿面前这个杯子"，再伸手的吗？

你想伸手拿杯子的时候，手是不是已经动了？

这就是潜意识引起的"自动驾驶"。

从科学上讲，**在行动前，脑内神经元就已放电了。**

大脑认识自己"有这样的想法"需要约 0.1 秒钟。

在认识之前，首先是神经元放电，接着潜意识引起"自动驾驶"，最后追加"思考"。

换言之，**"认为绝大部分行动是'先思考再行动'"，不过是人们的一种错觉。**

为什么大脑会这样运作？
因为要躲避危险。

在弱肉强食的自然界，当狮子出现时，如果我们不能在看到它的瞬间逃跑，就无法生存下来。

如果汽车即将撞过来时还在想"啊，这是汽车，不躲就会撞上"，那就会被车撞。

所以，大脑已经形成了在遇到危险时"身体先行动"的运作方式。

因为这个原因，人类的行动顺序是："**观察到外部风险**"→"**大脑神经元放电**"→"**行动**"→"**思考**"。

脑内过滤器决定行动

前面提到，**信息从外部进入时，潜意识决定了人对该信息将采取什么样的行动。**

这种潜意识是类似"过滤器"的东西。

突然接到组织大型项目的要求时，是感到"害怕！办不到！"，还是觉得"这是机会！我能做到！"。这因人而异。

之所以对同一事物产生不同的感受，是因为每个人的**"过滤器"不同，所以感受也不同。**

这个"过滤器"基于一个人的信念而形成。

它麻烦，还有些不好对付。

如果一个人的过滤器认为"钱是踏踏实实工作赚来的。投资是卑鄙又危险的行为"，那么他即使**读 100 本鼓励投资的书，也绝不会开始投资。**

读完书，即使动了一点"试试看好了"的心思，也会因为经过了装在潜意识里的"过滤器"，到头来还是认为"不过仍然有点害怕，踏实工作最靠谱，还是算了"。

顺便说一下，这个"过滤器"是字面意思的过滤器，不必要的信息会在这一步被删除。

人类的大脑实际只能意识到极少部分外部信息。脑科学将这种对输入信息进行筛选的功能称为网状激活系统（RAS），将那些未被意识到的、被隐藏的信息称为**盲点**。

以五官信息看，"外部信息的实际数量"和"能够被识别到的信息数量"如下：

视觉　1000 万→ 40

听觉　10 万→ 30

触觉　100 万→ 5

味觉　1000 → 1

嗅觉　1 → 1

这个删除功能其实是生存所必需的功能。

这里做个实验：请闭上眼睛，说出你现在所在的地方有哪些红色物体。

请说!

怎么样？是不是基本上说不上来？

这证明大部分信息虽然被看到了，但是没有被识别。

请睁开眼睛再看一次周围，这一次是不是总是能看到红色物体？

一旦带有意识，相关信息就会引起你的注意。想想看，如果有一款车你一直在犹豫要不要买，那么你是否总能在街上看到它？

为什么说这是生存所必需的功能？因为如果寻找果实的时候无法识别果实，就无法生存，对吧？

还有一点，**人的大脑容量不足以接收所有信息。**

甚至有一种说法是，若大脑接收了所有信息，那么人在短短一分钟之内就会被饿死。

即使已经通过这种过滤器功能极大地删减了要处理的信息量，但据说大脑也依然会消耗约 20% 人体能量的。

上一节讲到，"95% 的行为是无意识的。今天的 95% 以上的思考和昨天的相同"，**大脑通过这种过滤器功能，忽略与自身无关的信息，或者在形成习惯后转为"不用思考也可以做到"的运作模式。**

因此，虽然需要有这个过滤器来保护大脑，但所有外部信息也都经它过滤掉了。

正如刚才所说，**如果这个"过滤器"被写入了"赚钱可怕又肮脏"的程序，那它就会对你的行为踩刹车。**

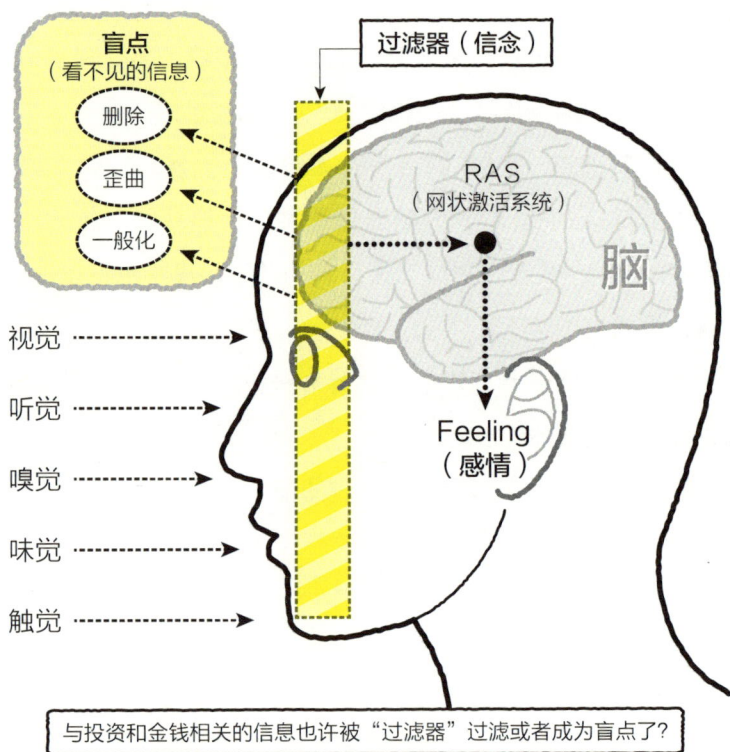

盲点
（看不见的信息）

删除

歪曲

一般化

过滤器（信念）

RAS
（网状激活系统）

脑

视觉

听觉

嗅觉

味觉

触觉

Feeling
（感情）

与投资和金钱相关的信息也许被"过滤器"过滤或者成为盲点了？

图 4-1 脑内"过滤器"对信息进行取舍

"让你无法成为有钱人的脑内磁带"是什么

终于到了"成不了有钱人不是自己的错"的核心部分。

假设这里有一个婴儿,为了获得外部信息,这个婴儿脑中的录音机一直在录音。

所有人在 6 岁以前,大脑呈完全开放的状态。

也就是说,**尚不具备筛选信息的能力**。

大概因为没有哪种动物的婴儿时期会像人类那样脆弱,所以不管怎样先使大脑处于完全录音的状态,吸收信息。

在大脑完全开放的时候,如果父母在这个婴儿面前谈论钱的话题,诸如:

"又乱花钱了吗?所以说你简直不像话!"

"就因为你借钱,我吃了多少苦!"

这些跟钱有关的负面信息就**深深刻在了婴儿的潜意识里**。

"只要谈到钱,爸妈就会吵架。"

"钱是可怕的东西,是肮脏的东西。"

这个孩子的信念(belief)成形,脑内"过滤器"形成。

大脑的这种完全开放的状态保持到上文提到的 6 岁。

到 6 岁以前,信念成形。

极端一点甚至可以说，**你成人后的年收入是由 6 岁前形成的关于金钱的信念决定的**。

人类的大脑在那之后经过录音与播放的中间点，从 **13 岁左右开始**切换为**播放模式**，形成脑科学领域中的完形 ① （人格）。

顺便说一下，人可以有多种完形。不管是谁，在公司时的人格和跟朋友在一起时的人格是不一样的。你肯定有过这样的经历，例如，哪怕正在与人争论，一旦电话响了接起来的时候，你也会语气平静地问好，仿佛是另一个人格在接电话。

但是，这多个完形均被 6 岁前形成的信念支配。

6 岁前录好音的磁带会一直在大脑中持续转动。

因此，打个比方来说，你也许会认为是自己在判断要不要投资，但是，**你是否会投资，不过是由 6 岁前就已经确立的脑内磁带播放并决定的。**

因为大脑就是这样运作的，所以没办法。

毕竟你的 95% 以上的行为都是潜意识引起的"自动驾驶"。上文中说过 95% 是重复与昨天相同的思考，对吧？

换言之，**你的思考不是你的思考。只不过是磁带重播（绝大多数时间是你父母的声音）！**

因此，**"成不了有钱人不是你的错"**。

---

① 完形（Gestalt），德文原意强调一个整体，或是一个完整的形式、模式或是形体。这指格式塔心理学（对称完形心理学）的基本概念。

图 4-2　脑内过滤器在 6 岁前成形

成年人的脑内磁带也可以被改写

那么，你会想，已经成年的是不是就毫无办法了？办法还是有的。

这是一个"思考甚至能够改变基因"的科学事实。

换个表达方式，**"覆盖脑内的磁带"是可能的。**

该怎么做会在下一章中说明。

虽说可以覆盖脑内的磁带，但如果一开始不知道有"脑内过滤器"的存在，那你终将会被支配一生。

只有那些认识到自己正被 6 岁前确立的"过滤器"支配着的人，才能摆脱奴隶状态，获得自由。

之所以到目前为止没有任何人告诉我们这个事实，是因为大部分人并未意识到自己的行动是无意识的。

另外，媒体报道的大部分信息不值得去看、去听、去信。

上游流出的大部分真实信息已经过多个人的"过滤器"过滤，最终扩散的只是些"纵使周知也没有多大价值的事情"。

退一百步讲，媒体的信息也许不是"谎言"，但你最好明白，这些信息只是"与核心内容相距甚远的信息"。

最希望你意识到的事情

我最希望你通过阅读这本书意识到：

你大脑里有一个 6 岁前就已经录好的磁带，它支配着你的行为。

因为**意识不到磁带的存在的人，将是一辈子的奴隶。**

其实"越觉得自己自由的人越是奴隶"。

例如，哪怕你读了 100 本非常好的个人成长类的书，但只要是通过同一个过滤器去理解内容，就起不到任何作用。结果就是不管你读过什么书，那些知识也不会转化为行动。

只有意识到磁带的存在，认识到"啊，原来是这样"，你才有可能为改写磁带而付诸行动。

如果无法意识到磁带的存在，你是无法改写磁带，将自动播放改为手动播放的。但**只要意识到了磁带的存在，就还有解决的办法。**

我希望你通过读这本书，意识到你大脑里磁带的存在。但这并非要强制你脱离"奴隶系统"。

如果你觉得"待着很舒服，我要待在奴隶系统里"，那也是可以的。

在**明白**自己头脑中存在 6 岁前录好的磁带，而它会自动决定你的行为后，如果你**仍愿意继续待在"奴隶系统"里，那是你的自由**。

我不过是想多给你一个选择。

了解了全部，觉得"一生是奴隶也太糟糕了！待得舒服倒也罢了，可我只感到不公和不满！我要覆盖自己的脑内磁带，我要行动"的人，请继续往下阅读。

阻碍你成为有钱人的主要原因

在你意识到磁带的存在后，说一说许多人共有的"阻碍你成为有钱人的原因"。

许多人共有的"阻碍你成为有钱人的原因"，有个最大的心理障碍。

直截了当地说，是"恐惧"。

其实，人类的大脑与 200 年前相比并无太大变化。

大脑最重要的使命是"维持生命"。

大脑形成了一种"对威胁到这一使命的东西产生'恐惧'，或踩下刹车，或逃跑"的机制。

因此，大脑无法区分 200 年前"被老虎吃掉"的恐惧与"投资失败囊空如洗"的恐惧有什么不同。

换言之，人类拥有的不是"为了变得幸福的大脑"，而是"为了生存的大脑"。

人也是动物，要这样说的话，也许也是理所当然。

不对，不要说理所当然了，上文也提到，很难再找到比人类更脆弱的动物。

如果把婴儿放在大草原上不管，那他将无法生存吧！

因此，"恐惧"是人类大脑非常重要的活动状态。

所以，**哪怕知道"显然只要做了这件事，就会变得幸福"，"回避恐惧的大脑"也会为维持生存打消这一念头。**

顺便说一下，我在进行一些"感到恐惧的尝试"时，会让自己思考一件事。

例如，不久前我出差去新加坡时，商业伙伴突然向我提出"能否请你作为主办方，在日本组织一个大约在 1 个月后举办的 700 人规模的专题研讨会"？

这种时候大多数人应该会认为"1 个月后 700 人的专题研讨会根本来不及准备"吧。事实上，我回到日本后，不管对谁说起这件事，他们几乎都给我"萨米先生，这就离谱了""绝对办不到哇""这太胡来了"的反应。

但每当这种时候，我总会这样想：

"没有恐惧就没有崭新的未来。"

收到这样的问询后，许多念头在我脑中闪过：

失败了怎么办？

没有人来怎么办？

到时候出现巨大亏损怎么办？

于是，越是想象失败的情形，我的心脏就跳得越厉害，呼吸变得越短促。

后来，我做了一个深呼吸并问自己：

"前方是否有崭新的未来，还是仅有自己已经了解的过去？"

也就是说，我往大脑里写入程序：身体对没有生命危险的恐惧的反应是未来的路标。

现在展现在我眼前的恐惧是邀请我前往崭新的未来的信号。

这与"被老虎吃掉的恐惧"截然不同。

多亏有各方助力，我凭借"崭新的未来"的精神尝试举办的专题研讨会取得了巨大的成功。

同时，也取得了令人高兴的结果。我不仅赢得了新的生意伙伴的信任，还有 200 多位参会者表示想参加我的跟进研讨会。

这也是不畏惧"恐惧"这一最大的阻力，对举办专题研讨会说"Yes"的结果。

"运气"的真正含义

为了进一步加强你想"改写大脑中的磁带"的想法，这里说一说"真正的运气是什么"。

我在不动产相关的研讨会上常常这样说："想成功投资不动产，要让运气站在你这边。"

听我这样说，刚来参加研讨会的人都会瞬间呆住，露出一脸惊讶的表情。

大家可能想："啊？运气吗？"

但是，我说的"运气"不是"偶然"的意思。

古罗马哲学家塞涅卡曾说："运气发生在机会和准备相遇的时候。"

也就是说，**机会到来时已做好准备才能称为"运气好"**。

我非常赞同这个观点。

而且，正如本书开头所写，眼下正迎来的也许是一生才能遇到一次的大转折时期。用投资行业的话来说就是巨大的机遇。

如果这样一个机会被头脑中"6岁定型的磁带"妨碍，不能好好利用才是完完全全的"机会损失"。

什么都不做的话，哪怕你不用，你存的钱也会贬值，而且是事实上的减少。

"什么都不做是最大的风险。"

顺便问一下,"机会损失"损失的是什么呢?

认为是"失去了机会"?

错,你失去的是更重要的东西。

在投资行业,机会是周期性到来的。

为了不放过随时可能到来的机会,一流投资家翘首企盼注入资金的时机。而且,一旦看到机会来临,就立即"买入",充分利用这一机会。

正如塞涅卡所说,让"机会和准备"相遇。

问题是,"人活着的时候能遇上几次"这样的机会周期呢?

人要能活上 1000 年就好了。

这样只需要耐心等待下一次机会就可以。

但是,成年后能赚钱的时间不过 60 年。

机会来临时没有准备好,一旦放走机会,就只能眼巴巴盼着"下一次机会什么时候来"?

而现在的机会被认为是百年一遇。

是的。"机会损失"失去的最重要的东西是**"时间"**。

"糟糕,要是那时候抓住机会就好了"正是**"机会损失"**。

说到准备,许多人对它的印象可能是**"防患于未然"**。

但这是上一节提到的被"恐惧"支配的思考方式。

你要做的不是那种准备,而是要做好**"有好事发生的准备"**。然后抓住机会。

　　做好这项准备的前提就是，改写在你迈出"鼓起勇气的一步"时为你踩下刹车，"6岁起就在连续播放的磁带"。

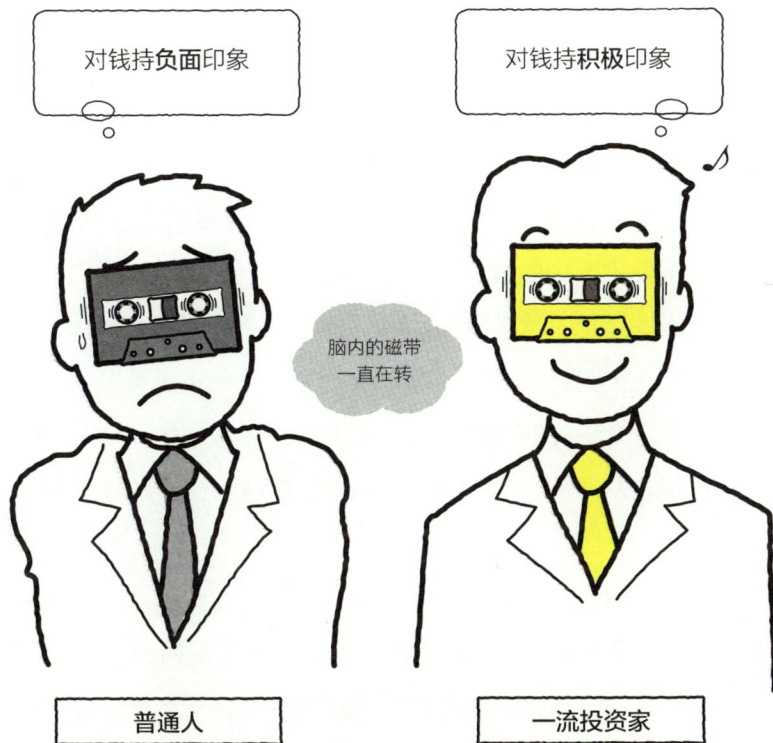

图 4-3　一流投资家与普通人哪里不一样？

思考从基因层面改变你

在本章开头，我说过"不要怪罪基因"。

最后说一下基因的话题。

你听过"表观遗传学"的说法吗？

根据维基百科（Wikipedia）的解释，"这是研究在 DNA 碱基序列不发生改变的情况下，细胞分裂后可遗传的基因表达或细胞表现型变化的学科领域"。

也许会引起误解，但简单来说，这是**"关于人可以随环境和思考改变 DNA 的研究"**。

根据这一研究，"人可以后天改变 DNA"已经经过了科学证明。

遗传基因与意识的关系曾被认为是始于遗传基因的单向关系，但事实并非如此，这两者的关系被证明是双向的。

现代科学将**思考时脑内神经元反应并活动的样子**拍成了影像，该影像可在视频网站 YouTube 上观看（在 YouTube 网站搜索"Joe Dipenza TEDx"）。

观看影像可以看到，该神经元在人凭潜意识行动时，只以相同模式动作。

但是，如果在此处加入新的思考，新的神经元缓缓摆动伸展,试图与其他神经元产生连接。不过最终因无法相连而消失。

但如果反复触发新想法,新的神经元将变得粗壮,最终与其他神经元相连。

这样一来,它作为不会消失的连接线留下来,**留存成为新的思考路线**。

这是**"原本是旧思考模式的潜意识转变为新的思考模式随后被覆盖"**的现象。

针对这一现象,"表观遗传学"学者乔·迪斯本札博士有一句名言:**"思考的反复刺激会生成神经连接线。"**

"心有所想,努力追求,目标必将实现"也是经科学证明的事实。

改变思考模式,遗传基因也会随之改变。

换言之,脑中的磁带和信念(臆想的过滤器)也可以被改写。

在第四章的最后,希望你能了解这个事实:脑中的磁带自不必说,**思考的力量甚至可以改变遗传基因是经过了科学证明的。**

接下来的第五章将介绍"改写脑内磁带的方法"。

改写潜意识，转换为『富有思维』

◎ 转动世界的力量存在于你的潜意识之中。

——威廉·詹姆斯（美国哲学家）

第5步

"小我"与"大我"

人脑中有"小我"和"大我"。

小我是一个人的"意识脑"。

大我是一个人的"潜意识"，即 6 岁前接收信息输入的录音机。

如果"意识脑"的作用力大于"潜意识"，那么人可以按照自己的意志行动，既不被磁带左右，也不受恐惧支配。

但是，普遍认为潜意识的能量是意识脑的 3 万倍。而且，有些人的潜意识有 200 万马力。

潜意识连续播放着"赚钱很可怕，认真踏实工作才是最佳选择"。

对此，不论意识脑如何呼喊"不，现在必须行动起来!"也敌不过潜意识。慢慢地，大脑累了，想着"不然算了吧"就放弃了。

图 5-1 "小我（意识脑）"与"大我（潜意识）"

问题不在大我，而在于意识不到磁带在转动的小我。

那该怎么做？

首先，如上文所述，从意识到磁带的存在开始。

在对赚钱感觉到害怕的时候，要意识到"啊，这是潜意识里的磁带在转"。

像这样，**总是意识到磁带的存在**："啊，磁带又在播放了！""啊，磁带又在播放了！"像这样不断让自己意识到这一点。

不断重复这一过程，人的意识脑会因此得到锻炼，不断变大。

逐渐认识到"是磁带又在播放了"，从而变得对其充耳不闻，任凭它**像背景音乐一样左耳进右耳出**。

这样一来，意识脑得到锻炼，原本在整体中极小的那部分逐渐变得强大。这就是**"意识的扩大"**。

冥想、正念等，此类训练方式很多。这些也是通过直面自己心中的潜意识和意识脑来扩大意识。

全球的企业领袖之所以醉心于禅修和冥想，就是因为他们明白这种"意识的扩大"的重要性。

如果能够增强意识脑，就太好了。

意识脑可以和潜意识交朋友。

交到 200 万马力朋友的方法

你脑中的"大我"——"潜意识"。

那么到底怎么才能和这个被称为 200 万马力的对象交朋友？

首先要知道,这个**"潜意识"听不懂话**。虽然有巨大的能量,但不怎么聪明。

毕竟 6 岁前就成形了，因此不管怎么告诉它"不要播放磁带了"！它也听不懂，它就像个婴儿。

这种**"潜意识"的语言其实不是"说的话",而是视觉图像(即影像)**。

因此，如果"想跟潜意识交朋友"，只需用影像与它交谈。

例如，在被委任重大项目时，由于被恐惧支配着，潜意识就准备了"失败了怎么办？最好放弃"的过滤器。

如果此时意识到"啊,这不过是在播放 6 岁前的录音磁带",就可以将它忽视。

有意识地忽视播放磁带的存在,再利用影像对"大我"诉说。即想象"未来项目取得巨大成功时自己的样子"。不是用语言，而是用想象发问："我对未来的想象是这样的，我该怎么做？"

我实际上在入睡前会给潜意识发送一个未来的想象画面，

（不是用语言而是用影像）问它**"该怎么做未来才能成为我想象的那样？"**，然后再入睡。

这样做会发生什么呢？第二天早晨一起床，从哪里着手才能取得成功的回答便会浮现在我脑中。

之所以会这样，是因为潜意识在我睡觉时替我思考了答案。

毕竟潜意识24小时工作，不眠不休，非常有能力。

不反抗潜意识，不与潜意识斗争，而是用影像与之交谈，**信任潜意识的力量，听从它的指令**，信任并将全权交给它。

想让项目成功，就想象"成功，成功，成功"，再交给潜意识。

这就是**与潜意识交朋友的方法**。

2018年2月在平昌冬奥会上夺得男子花样滑冰冠军的日本运动员羽生结弦曾差点因为赛前脚踝受伤错失参加奥运会的机会。

但是，他曾说自己从某个时期开始，"除了想象自己在冬奥会夺冠的情形外，再没想过其他"，因为他认为"如果不这样想，就来不及了"。

这正是**用影像对潜意识诉说，与它交朋友的例子**。

我之所以能成功组织举办700人规模的专题研讨会，也是因为我除了"想象取得成功的自己的样子"之外，没有考虑别的。

再重复一次，潜意识蕴含着无限力量。

全世界那些被称为领袖的人都善于运用潜意识。一流投资家也是一样。不管承受了多大的压力，他们仍相信自己的潜意识，即第六感。

越是富有思维的人群，越不认为成功是一种"偶然"。

他们坚信：正是**因为在潜意识里想象了成功的样子，所以才取得了成功。**

图 5-2 "小我"改变"大我"

错误的潜意识的使用方法

潜意识拥有无限能量。

只有想象"成功，成功，成功"，事情才会向成功的方向发展；只有想象"自己是健康的"，身体才会向健康的方向发展。

只有跟潜意识交朋友，自此，它才会对你言听计从。

但是，这里提醒你注意**"错误的潜意识的使用方法"**。

例如以下情形：

对潜意识诉说**"我不会生病！"**这种想象的人，反而会生病。这大概是因为在以"不会生病"这种**否定式**思考事情的时候，最先想到的是生病。

再举一个奇怪的例子，比如在思考"右手不痛，右手不痛"时，首先想象的是右手疼痛的情形，对吧。

像这样，一旦使用否定的语言，率先想象的是否定的情形，于是200万马力的潜意识就会误认为"啊，你想要变成那样"。

"不会失败，不会失败"是恐惧的反面。

想成功，就要把"恐惧"看作"机遇"。

"安心"等于"过去"。

"不安"等于"未来"。

如果想朝着未来努力，有所行动，就要从潜意识做出改变。

请记住，**在传达想象时，先想象否定的一面，再表达"我不想变成这样"，是无法传达给潜意识的**。

具体来说就是，不可以想象"我不会投资失败，我不会投资失败"。

"臆想能量"有科学依据

使用"臆想能量"的方法是爱因斯坦已经将其作为心智科学在提倡的一种科学方法。

爱因斯坦通过量子物理学这样说：

"向社会释放这种思考能量，世界上的能量将被重新整理，以达成该思考。"

这就是说，自身的思考是一种能量。一旦向社会释放这种能量，受此能量影响，社会将出现变动。变动后的能量将重新回到自己身上。

这不是我说的，而是经过了天才爱因斯坦的科学证明。

创业者是向这个社会释放价值的人。这些人释放的能量以例如钱的形式，回到他们手中。

因为钱是储存这种能量的物体之一，向社会释放价值的人当然会成为有钱人。

与意识会改变遗传基因一样，世人所说的**"吸引力法则"**其实也是非常科学的观点。

还有精神能量，例如"爱"或"恨"可以通过科学测量测得频率。一家名叫心脏数理研究所的机构通过测量仪器证明了这一点。

精神能量确实存在频率，即波动，它是能够被准确测量的能量。

让我意识到潜意识能量的惊人体验

这一节将讲述让我意识到"潜意识拥有无限能量"的亲身经历。

从证券公司离职创业后不久，我一度面临即将破产的窘境。

当时我已经结婚，有孩子，父亲治病也需要钱。在这个节骨眼上，我购入的不动产却贬值，资不抵债，也没有现金流，完全是祸不单行。

但即便如此，自尊心也不允许我再回证券公司上班。

那是一段穷困潦倒的时期。那时我计算过"现在要多少钱，情况才能好转"，得出的结论是 5000 万日元。

于是，我每天晚上都在想象得到 5000 万日元的自己。

想象，想象，再想象，不断向潜意识发送这种想象。

开始想象后的第三个月，我接到了在证券公司工作的朋友的电话。听到电话内容的时候，我真的非常吃惊。

对方说："你想不想回来？签下合同就给你 5000 万日元。"

不只想象的事情，甚至连金额都一模一样！

说真的，我当时觉得难以置信。

询问原委得知，由于前一任离职，公司找不到合适的人选接替，所以朋友推荐了我，对他上司说"日本有个人可以做这个工作"。机会就这样不偏不倚地找上了我。

因为几个偶然拿到了 5000 万日元，也因此，这件事成了我认识到潜意识的能量的契机。

后来通过多方学习，我认识到**"使用潜意识"是非常科学的，发生在我身上的事情不是奇迹，而是必然。**

图 5-3　潜意识能量帮我拿到了 5000 万日元！

改写潜意识的方法① 他人改写

改写自己的"潜意识"，增加收入最快速有效的方法是：

"他人帮助改写磁带。"

要做的事情非常简单：**找 5 个收入是自己两倍的人，待在他们身边。**

只需要这样做，自己的磁带自然就会被改写。

我现在也是通过与收入是自己几十倍的人交往，持续改写着自己的磁带。

还是在上文提到的专题研讨会的时候，会前我曾得到几次与收入是自己 100 倍的世界顶级演讲者共同进餐的机会。

后来很快地，我的磁带就被改写。我转变想法，认为"10 人的研讨会和 1000 人的专题研讨会要做的工作都是一样的"，就接受了组织举办专题研讨会的工作。

接受工作后，我像平常一样只想象成功时的情形，于是就真的成功了……

这就是"他人帮助改写潜意识"的例子。

顺便说一下，与沃伦·巴菲特"共进午餐"的权利被拿来拍卖，只是一起吃一顿午餐就被标上 3 亿日元这样一个令人震惊的价格（拍卖所得悉数捐给慈善机构）。

日本的堀江贵文先生为自己的 1 小时标价的事情也曾引起热议。

这就是说，那些希望**通过利用与极少有机会接触到的人见面的机会，"改写自身想法"**的人获得了这样的机会。

请他人帮助自己改写磁带时要注意的是：要意识到"自己与他们见面，是为了请他们改写磁带"。

不然，你会下意识否定对方说的话。

在意识到"自己的磁带的存在"前见这些人也没有意义，因为那个 200 万马力的自己会用"过滤器"屏蔽他们说的话。

听了和自己不同收入的人的话后，不管自己的"过滤器"说什么都只当作背景音乐，**要像婴儿那样完全放松自己，把那些人的话听进去**。

"话虽如此，但我身边没有人年收入是我的几倍，我也没有机会遇到这样的人。"属于这种情况的读者可以在 YouTube 上听导师怎么说。

日本几乎没有这类积极的、仅靠视听就改写自己潜意识的自我启发节目，但国外有大量可以听导师观点的节目。我每天都在收看收听。

　　说得极端一点，不懂英语也没关系。哪怕意思理解得不正确，只看图像只听声音也能感受到能量。而且，本章开头说过"潜意识听不懂话"。

改写潜意识的方法② 屏蔽负面信息

上一节说到，改写自己的"潜意识"最快速有效的方法，是"找 5 个收入是自己两倍的人，待在他们身边"。

反过来，"从早到晚见到的人只有本公司同事"是最坏的情况。

周围全是磁带跟自己一样的人。如果是这样，那么直到退休，和昨天一样的磁带都会一直转下去。

你听过"Junk in，Junk out"的说法吗？

这是**"如果收到不好的信息，就只会产生不好的结果"**的意思。

我听过"要想实现梦想，就不要找公司同事商量"的说法。

因为同事会说"你在说什么梦话"，反馈此类负面信息给你，尽全力打破你的梦想。他们为打击你的积极性，会传递给你一些例如"我朋友也因为投资吃了苦头"的垃圾信息。

尤其疲劳时更要注意。

他们传递的垃圾信息刺痛你，磁带持续播放"我果然不行"，于是你失去自信，陷入负的循环，最终造成"算了，就这样吧"的结局。

如果想改写潜意识，就要**把这样的"梦想小偷"清除出去，屏蔽负面信息。**

因此，要回绝那些被和你一样的磁带支配着的同事的邀约，与看上去能帮助自己改写潜意识的人们交流。

阿德勒也说**"要拥有被讨厌的勇气"**，不是吗？

改写潜意识的方法③　为接收信息设限

人类是会被信息干扰的动物。

而现代社会充满了愚弄人的信息，甚至还有患上"智能手机症候群"的人。他们必须 24 小时看手机看资讯，否则就会感到不安。

所以必须"有意识地为进入的信息设限，筛选信息"。总之就是要主动选择信息。

比如，我不看电视新闻。

稍加留意就能发现，电视新闻报道的大部分是没有用的信息，而且是负面信息。

一大早有必要了解诸如"某地儿童被绑架并被杀害""警方逮捕了一名遗弃尸体的无业男性"之类的信息吗？看了这些只会让人心情郁闷。

交通信息或天气预报上网查询就可以。

沉重的新闻报道只是麻醉剂。只是电视台用具有强烈刺激效果的信息获取收视率的战略附属物而已。

而且，**有钱人想独占的有价值的信息，或对上流社会人士不利的真实的信息，是不会在新闻节目里播出的。**

所以，要**剔除**电视里播放的随意且**无用的信息，限制整体

信息量，主动获取市场动态、虚拟货币等必要信息。

例如，如果需要虚拟货币的信息，就自己上网搜索。

如果想进一步了解"虚拟货币距离货币还有多远？"就先查询"钱的条件"是什么，再从大量关于虚拟货币的信息中选择查看只与货币条件同步的信息。

这就是**"自主选择想要接收的信息"。**

一旦建立了主动接收信息的模式，就能对自己需要的信息保持敏感度。

上文提到，如果有想买的车型，就很容易在街上看到那款车型。同样，因为对所需信息敏感，所以信息筛选也变得更容易。

有一点要提醒注意的是：要关注积极的信息。

因为如果你对"要举办研讨会，但可能会失败"一类消息更敏感，那你只能看到"举办研讨会失败的人的信息"。

电视台播报的信息，网上冲浪时获得的没有意义的信息，其他人随意写在社交网络工具上的信息等，只不过是**带有他人意图、刻录在其他人磁带里的、没有意义甚至是有害的信息。这一点请务必注意！**

请主动去获取自己需要的积极信息，让这些信息帮助自己改写磁带。

改写潜意识的方法④ 模仿你憧憬的人物

改写潜意识的最后一种方法，是**"模仿你憧憬的人物"**。

这种方法被称为**"建模"**，也是心理咨询常用的手法。

要问这是什么样的方法，其实就是模仿你憧憬的人的方方面面。

也许有人是只"模仿导师的思考"，但我就是完全模仿，从思考方式、说话方法、小习惯，到生活态度等。总之，能够模仿的全部模仿，彻底成为那个人。

要问为什么要这么做，是因为在我觉得"这个人很厉害"的时候，我并不知道他厉害在哪里。虽然觉得他厉害，但无法准确地说出他的厉害之处。这意味着我不知道要模仿哪一点，所以只好完全模仿。

因此，在我想"彻底成为这个人"的时候，我会**先查阅他的经历，了解他出生到现在的背景**。

如果有自传，我当然会全部读一遍。自传中如果提到了让他深受感动的书，我会把那本书也读一遍。

尽量尝试**重走一遍那个人的人生经历**。这样，我就能体会到那个人的感情。例如，"啊，这个人当时会这样想是因为儿时有过这样的经历""发生这种事情的时候他肯定有过这样的感情"等。

完全模仿能让我体验那个人的思考。

这是一个类似将那个人的思想输入自己的脑里的操作。

这样一来，**自己的思考方式会逐渐向那个人的思考方式靠拢**。

在进行判断时，你可以作出与自己崇拜的人物一样的判断。

从科学角度看，人体有一种叫**"镜像神经元"**的神经细胞。一旦模仿一个人，双方的神经元便开始交流，一方能够彻底成为另一方。

在模仿过程中，甚至本质也逐渐变得相似，这一点也经过了科学证明。运动员或演员在模仿崇拜的人物时，会变得越来越像那个人。这就是镜像神经元的效果。

从前你必须待在那个人附近才能实现的事情，现在只需要通过观看 YouTube 里那个人说话的视频就能够建模。（参见第132 页）

我也经常使用 YouTube 模仿"我崇拜的人"。

你能在 YouTube 上任意挑选你想模仿的人，就像在饭店吃自助餐。上面有各种各样精英人士的观点和视频，你一定要尝试一下。

例如，我会从 TED Talks 里找到我想模仿的人，模仿他的形体语言、走路方式、语音语调、说话节奏等。

镜像神经元的效果

本质也在模仿过程中逐渐变得相似

图 5-4 模仿崇拜的人会有"不得了的事情"发生

到这里一共介绍了 4 种比较推荐的改写潜意识的方法。

虽然说了很多遍，但这里再次强调：最重要的是你要意识到自己大脑中的磁带的存在。只有能成功意识到这一点，并忽视"大我"的声音，那磁带改写才算成功了，本书的作用也达到了 70%。

接下来，第六章将介绍具体的投资方法。

读到这里，如果你已经意识到头脑中磁带的存在，那么接下来，你只需要照着本书中的内容去做。

摆脱奴隶生活的起点近在眼前。

我推荐的建模用 YouTube 视频节目清单
（乔·迪斯本札 / 安东尼·罗宾）
https：//youtu.be/ VTXQVDtbx7M
https：//youtu . be /Y4viCnaXu9k
https：//youtu . be /znwRzsYLr6s
https：//youtu . be /8L6JilFLo_M
https：//youtu . be / OEYBvFPmwBA

第六章

创建『月存5000日元，收入自动增加的系统』

第6步

成为有钱人的规则有两条。规则一：绝不亏损。规则二：绝不忘记规则一。

——沃伦·巴菲特（美国证券投资家、企业家、慈善家）

"瀑布投资法"是什么？

读到这一章，终于要跟"成功改写了 6 岁前成形的潜意识的你"讲一讲，本书的目标——如何获得"安心"和"自由"。

为达成这一目标，我建议你使用**资产自动增加系统，我将其命名为"Waterfall 投资（理财）法"。**

英语里 Waterfall 的意思是"瀑布"。

而这里所说的自动是"不需要你动脑思考，便能增加资产"的意思。

实践此"瀑布投资法"，许多人理财的年收益率能达到 20% 以上。

首先问你一个问题。请回答下一页的问题 Q。

你必须往所有的玻璃杯里倒水。
但是只要水龙头打开，你就不能离开。
那么，你会如何移动这些玻璃杯？

图 6-1-1　问题 Q.

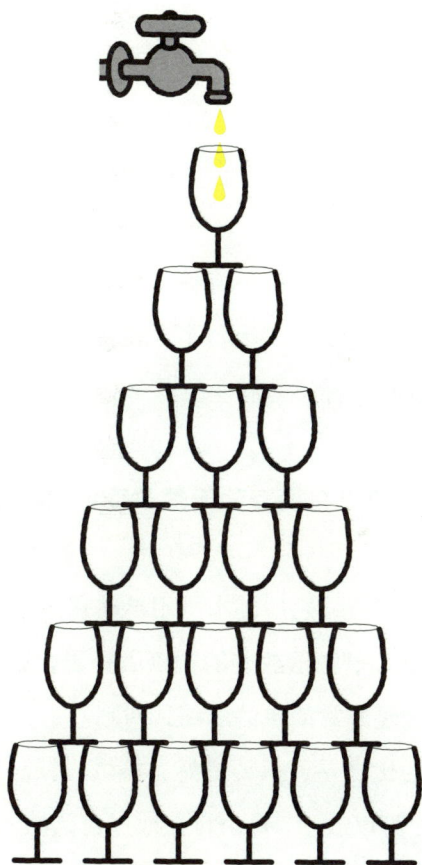

图 6-1-2　回答 A.

如果将杯子搭成图 6-1-2 所示的香槟塔状，那么只需打开水龙头，便能将所有杯子装满。

我在许多地方演讲的时候都提出过这个问题，还没有遇到过答不上来的人。换言之，想到用最少的劳力装满所有杯子是最自然不过的事情。

然而，几乎没有人在思考自己的资产时，实践这一再自然不过的道理。

实际上，许多人要么逐个将杯子装满，要么改变或打乱杯子的排列。结果不是水洒了浪费了，就是打碎了杯子，付出了时间和劳力却没有将杯子装满。

第六章介绍的瀑布投资法无须改变或打乱已经排列好的杯子。

首先搭好香槟塔，之后基本不用再动它。

你的钱会流入事先摆放好的香槟酒杯里，就像瀑布的水自然下落一样。这是非常简单的思路，对吧。

这个系统的优点是，只要搭好香槟塔，钱一旦像瀑布一样开始流动，你便可以放手，自由自在地过自己的人生，收获"安心"与"自由"。

我在证券公司工作期间也进行过个人投资，但都陆续失败了。

一味追求自由，进行各种投资。如果产生了损失，就拆东墙补西墙，取部分其他投资的本金来填补损失；赚了钱又在最高点追加买入，完全没有规划，走到哪儿算哪儿。

等意识到时，才发现已逐步失去了自由。虽然为了辞去上班族的工作，努力奋战增加资产，但连续失败反而使我越来越没法辞职。

我曾经是那种没有意识到"为了自由反而牺牲了自由"的愚笨的人。

但是在改用瀑布投资法后，我的人生完全改变。**自由时间不断增加，投资业绩眼看着上升，也收获了安心。**

因此在本章中，我非常自信地向各位建议这个方法。

瀑布投资法 4 个阶段

瀑布投资法分 4 个阶段（stage）：

① A 阶段

水（收入）从瀑布最上方的水龙头流入的阶段为 A 阶段。首先，要尽可能减少这一阶段的开支，确保有资金流向 B 及后续阶段。

② B 阶段

部分钱从 A 阶段流向 B 阶段。在流向 B 阶段的过程中，每月有固定金额被自动扣除（也有预先扣除以外的方法，但这里省略）。

这里首先应该利用税收优惠制度，具体来说就是"确定据出年金"。

如果你的公司没有参加"企业型确定据出年金"，那请你参加"个人型确定据出年金（iDeCo）"。在确定据出年金限制范围内，运用我参考被誉为全球资产投资收益最好的世界一流投资家瑞·达利欧的资产运用法调整的投资法去投资。

公司经营者、个人事业主也可以加入同样可以享受税收优惠的"小规模企业互助"。

③ C 阶段

在这一阶段也会利用到税收优惠制度。例如利用"普通NISA"或"青少年 NISA"，如上文所述，运用我参考瑞·达利欧的理财法调整的投资法去投资。投资灵活性比 B 阶段高。

④ D 阶段

若还有富余的资金，可以进入 D 阶段。D 阶段参考全球最知名的投资家"沃伦·巴菲特的投资组合"进行投资。

假如你抱着"竟然还能这样？"的疑虑，也没关系。我会教你方法。接下来请详细了解一下在 A、B、C、D 各阶段，我们具体应该做些什么。

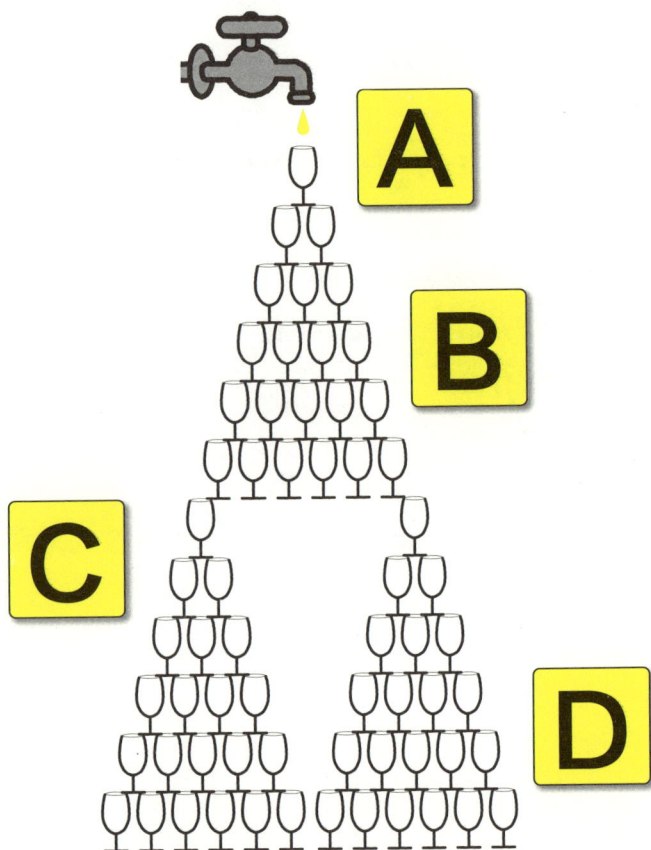

图 6-2　瀑布投资法的"4 个阶段"

A 阶段　削减开支，确保资金

如果你月薪 40 万日元，它将流入 A 阶段。在这一步，请重新评估现阶段的支出，减少浪费，确保有资金流入瀑布。

要彻底减少第三章里提到的会**"从你口袋里拿现金的东西"**，尤其要关注手机费、房贷、车贷、伙食费等每月会产生固定金额的固定支出。

其中，人身保险占日本人开支的很大一部分。许多人购买了不必要的保险。尽量减少保险支出，只需能保障最低限度的安全即可。例如，购买最便宜的、保险费不退的保险，或保险费比保险公司产品更加便宜的保险项目，就能保证基本的安全。

储蓄型保险种类繁多，给人以能够兼顾保险与储蓄的印象；但这类保险需要支付给保险公司的经费率①高，收益率极差。

哪怕仅重新评估目前购买的保险，应该也能缩减很大一笔开支。

---

① 保险行业术语，指用于计算保险金的基础比例。

图 6-3　彻底地重新评估每月现金支出

<hr />

① 保险证明：日本的保险证明是保险公司交付的证明合同成立、写明了详细
的合同内容的资料。中国的保险合同形式为投保单、保险单、暂保单和保险凭证。

B 阶段　参加"确定据出年金"，运用基于世界第一理财法的投资法投资

这一阶段主要在确定据出年金及小规模企业互助等税收优惠制度限制范围内，运用基于世界第一理财法的投资法投资。

①确定据出年金是什么

确定据出年金是每月缴纳一定金额，自行选择金融商品进行理财投资的养老金。对象为几乎所有年满 20 岁且不超过 60 岁的日本国民。这可能会产生理财损失，且原则上不到 60 岁无法提取。

它的吸引力在于"参加者个人月缴纳额部分的所得税扣除""运用期间内收益免税""领取金额等于退休金"这 3 个税收方面的要点。

本书**着眼于其中的所得税扣除和收益免税，推荐你参加**。

因为参加者全年支付的月缴纳金额是所得税扣除对象，所以根据参加者的所得税及居民税税率，税金会相应减少。另外，由于参加期间收益免税，**如果将收益继续用于投资，则有望实现复利理财**。

税率
$\left(\begin{array}{c}\text{所得税与}\\\text{居民税的合计}\end{array}\right)$

55.945%
高

50.84%

43.693%

33.483%

30.42%

20.21%

月缴纳额中的
相应比例金额
得以返还!

低
15.105%

0 少 ←——————→ 多 所得金额

所得金额越高的人税越少（收益率增加）

加入期间收益免税

将收益继续用于投资，可实现复利理财

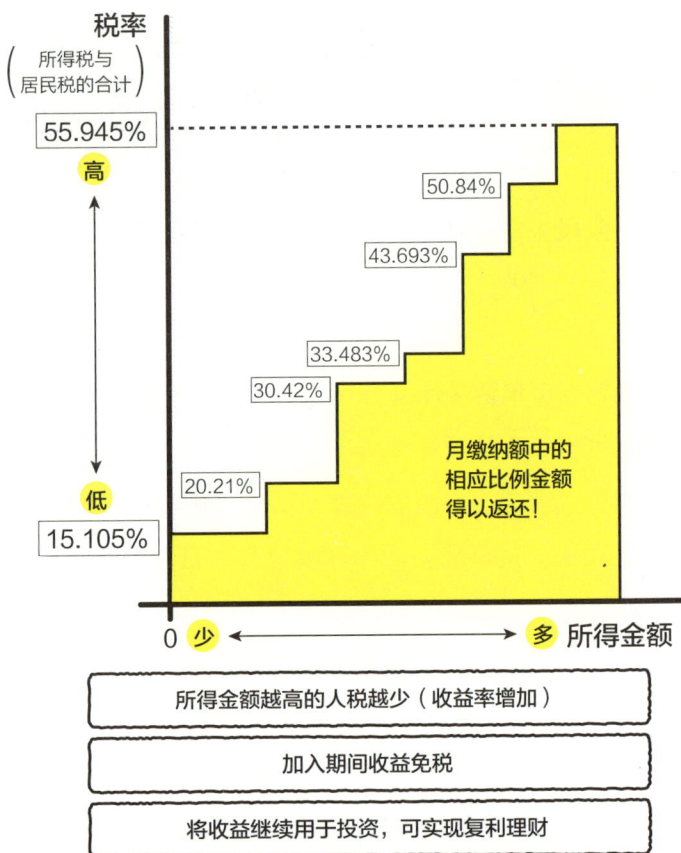

图 6–4　利用"确定据出年金"[①]与"小规模企业互助"，个人支付的
月缴纳金额的 15% 将得以返还（税金减少！）

———————————

① 　为使确定据出年金的运用更简便，日本政府计划于 2022 年 10 月起进行改革。

确定据出年金分企业型（下文称"企业 DC"）和个人型（iDeCo）。每月缴纳额（据出金）最少 5000 日元起，可以 1000 日元为单位进行设定，月缴纳额可每年更改一次。月缴纳额上限有多种情况。

②如果所在公司参加了企业 DC

公司职员参加了其他企业年金的，企业 DC 的月缴纳额上限为 2.75 万日元；公司职员没有参加其他企业年金的，企业 DC 的月缴纳额上限为 5.5 万日元。

月缴纳额主要由公司负担。这值得感激，不过，虽然理财是由员工自己操作，但因其只能交给企业选择的金融机构的限制，所以投资灵活性较差。

另外，也有混合缴费。如果公司月缴纳额未达上限，那么在个人缴纳部分金额与公司缴纳部分金额相同，且公司缴纳部分与个人缴纳部分的合计金额不超过上限的情况下，参加者个人可支付月缴纳额。

③企业 DC 与 iDeCo 并用

二者可以并用。只不过，不同的企业年金参加方法会影响月缴纳金额。

同时参加了公司的企业年金和企业 DC 的职员，iDeCo 的月缴纳额上限为 1.2 万日元；只参加了企业 DC 的职员为 2 万日元。

参加了企业 DC，但不按混合缴费方式缴纳，且月缴纳额未达到企业 DC 上限额时，可用 iDeCo 补充不足部分的金额。

不过，条件是所在企业按照企业年金规章认可并用，而且，即使同时加入了企业 DC 和 iDeCo，合计上限额本身也不变。

④如果所在公司未参加企业 DC

公司有确定给付型企业年金^①的公司职员，月缴纳额上限为 1.2 万日元。

公务员同样为 1.2 万日元。个人事业主等为 6.8 万日元（若参加了国民年金基金^②，与月缴纳额的总计不得超过 6.8 万日元）。

另外，并未参加企业年金或企业 DC 任何一种的公司职员或专职主妇（主夫），月缴纳额最高不得超过 2.3 万日元。

⑤企业经营者及个人事业主也可同时参加小规模企业互助

从"所得税扣除"和"领取金额等于退休金"考虑，同样推荐的是小规模企业互助。这可以说是以小企业经营者和个人

---

① 基于《确定给付企业年金法》实施的企业年金制度，有规章型企业年金和基金型企业年金两种。

② 国民年金基金：日本的国民年金基金制度是个体经营者、自由职业者等参加国民年金的第 1 号被保险人为提高退休后收入保障而自愿参加的制度。国民年金基金有"地区型国民年金基金"全国国民年金基金和按工种设立的 3 种"智能型国民年金基金"。

事业主等为对象的，为公司所有者服务的退休金储蓄制度。可与 iDeCo 并用。

月缴纳额上限为 7 万日元。与 iDeCo 并用全年共计可缴纳 165.6 万日元，但不可选择理财产品。

⑥可获得年利率 15% 以上的收益率

利用确定据出年金和小规模企业互助进行预先扣除的优点是，个人支付部分的月缴纳额可享受"所得税扣除"，这样交的税更少。

所得（收入）越多（高）的人节省的税越多。这里不说明细节，但每月缴纳额的 15.105%~55.945% 将返还给个人。当然，由于分红和转让收益免税，因此如果使用产生的收益再投资，可实现所谓的复利理财。

如上所述，确定据出年金和小规模企业互助也是我建议各位采用的瀑布投资法里的"关键"手法。**本章标题里的"月存 5000 日元"就取自确定据出年金的最低月缴纳额为 5000 日元。**

⑦调整全球第一投资家瑞·达利欧的理财法

虽说可以加入确定据出年金，但不知道在限制范围内该怎么投资。如果你有这个疑问，请放心，有好的投资方法介绍给你。

这是一种基于全球第一投资家的理财法的方法。

这位全球第一投资者是指瑞·达利欧。

说到广为人知的投资家,当数沃伦·巴菲特。而**这位瑞·达利欧却被看作超越了巴菲特的人。**

安东尼·罗宾的《世界精英投资家在想什么？》一书中对达利欧的理财法有详细介绍。

另外,有很多人通过实施回溯试验（验证能获得多少收益）验证了达利欧的理财法,并将结果公布在网上。

例如,有人验证了从 1973 年到 2013 年,长达 41 年的投资收益率,得到了年均 9.56% 的结果。

也就是说,如果你照搬达利欧的投资操作,那么在过去 41 年间,你的资产应该以近 10% 的年利率实现持续增长。

这位"世界顶级投资家"的投资组合其实是**公开**的,人人都可以看到他如何配置资产。

达利欧设计的投资组合在安东尼·罗宾的著书中被介绍为"黄金投资组合（全系列战略）"。

达利欧把投资资产分为"股票""美国中期国债""美国长期国债""黄金""商品交易" 5 个类别,并分别制定了投资比例。

另外,在那本书中还提到"必须至少每年进行一次再平衡","卖掉部分有较大成长的领域的资产,恢复原始分配比例"。

详细内容请阅读安东尼·罗宾的书。我参考这位全球第一投资家的理财法,对其进行调整和发展,总结出了新的投资组合。

　　不过，如果是参加确定据出年金，那么可选择的金融商品有限，因此在参加前请咨询有关金融机构（运营管理机构）。

　　我推荐分别投资以下 4 种指数基金（非上市基金）（另外，未考虑汇率变动风险），如图 6-5 所示：

　　·30% 与全球股票联动的基金；

　　·55% 债券相关，例如与全球债券价格联动，含通胀联动债券的基金；

　　·10% 黄金相关，例如与国内交易所的黄金价格联动的基金；

　　·5% 商品交易相关，例如与全球商品价格联动的基金。

　　对比达利欧的投资组合，股票部分比例相同；债券相关除通胀联动债券外，也投资全球股票；黄金稍多，商品交易较少。

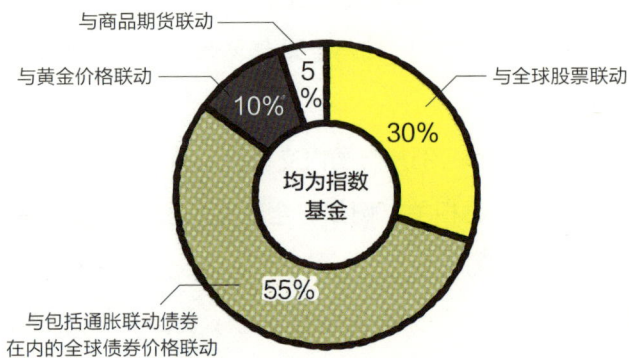

与商品期货联动

与黄金价格联动

与全球股票联动

均为指数基金

30%

10%

5%

55%

与包括通胀联动债券在内的全球债券价格联动

图 6-5 确定据出年金限制范围内进行投资时的分散投资例（建议）

C 阶段　利用 NISA 对 ETF 进行分散投资

① 7 岁孩子也能投资！

来到 C 阶段才终于要挑战真正的投资——增加为了获得自由的资产。

在 B 阶段利用确定据出年金和小规模企业互助制度，预先扣除上限金额后仍有余力的人会利用 NISA 投资。

但一说到"投资"，应该仍然会有人因觉得"会很难吧？"而犹豫不决。

请放心，这里介绍的是我家 7 岁的儿子也可以操作的方法。

最开始鼓励 7 岁的儿子投资时，我先给他看了我电脑里的运营系统的画面。当时我们俩的对话如下：

"你看，这就是管理投资的画面哦。"

"现在赚了多少钱啊？"

"大约 2 万日元吧。"

"2 万日元是多还是少哇？"

"餐厅员工的时薪大约 1500 日元。投资的厉害之处在于只需 1 分钟能赚 2 万日元。"

"这么厉害！怎么才能投资？"

"简单来说，**这不是买你喜欢的东西，而是买制作你喜欢**

的东西的企业，或者卖你喜欢的东西的店。"

"那要怎么买呢？"

"就跟在亚马逊买东西一样。按这边这个按钮就能买了。"

"但买什么店好？"

"你喜欢的鞋、衣服、游戏是什么公司的？"

"我喜欢锐步（reebok）还有耐克（Nike）！"

"那我们来看看这两家公司赚不赚钱。如果赚钱，持有他们的股票就会有钱进账。再用赚来的钱买东西，这样**不动用本金**就能买到喜欢的东西。"

我用这样的方式把投资方法教给他，然后由他自己决定要买哪只股票，让他开心地享受这个过程。顺便说一下，记录有儿子在 2016 年 10 月决定要投资的公司名称的素描本内容，如图 6-6 所示。

因为喜欢 iPad，所以买苹果（Apple）；因为喜欢鞋，所以买耐克；因为喜欢 PS，所以买索尼（Sony）；因为在上面什么都能买到，所以买亚马逊（Amazon）。他是这样决定的……

买下这些的投资收益率居然高达 73%！！

我并非想表达自己的儿子是天才。

我想说的是，不管什么样的孩子，他对于哪个品牌有价值，朋友在用什么产品，现在流行什么非常敏锐。

首先，**不管是大人还是孩子，投资的第一步是投资自己熟悉的企业。**

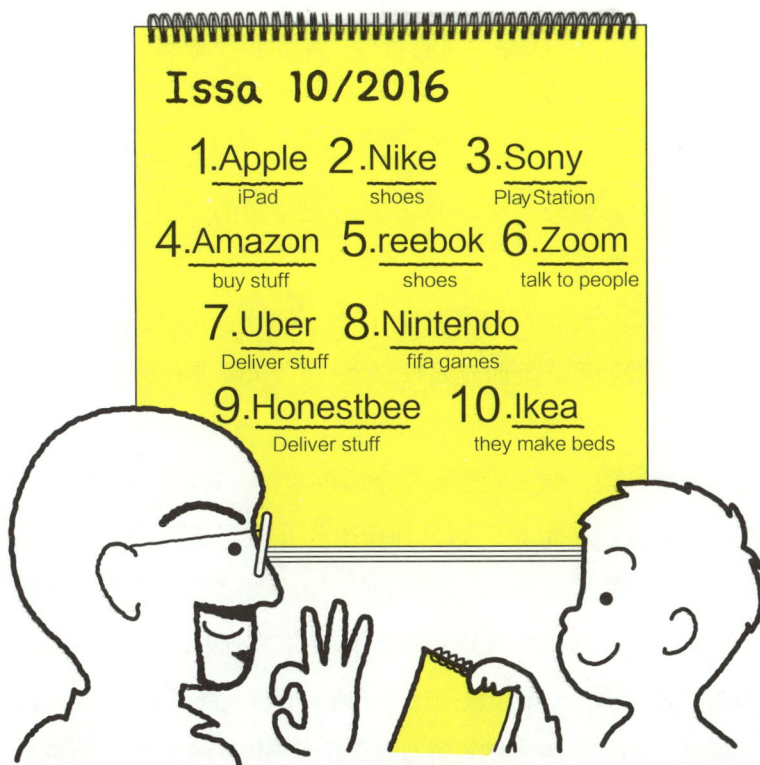

图 6-6 7 岁小孩投资自己喜欢的公司，获得了 73% 的年收益！

②尝试开始利用 NISA（包括青少年 NISA）进行投资

我儿子实际上开始实践的是利用了**"青少年 NISA（未成年人小额投资免税制度）"**的理财。这是一项未满 20 岁的青少年使用青少年 NISA 账户进行投资，年免税投资额上限 80 万日元的制度。

成年人可以利用普通 NISA，该制度年免税投资额上限为 120 万日元。另外，从 2018 年 1 月起全新的"积立 NISA"制度也已开始实施。①

无论哪一种，都如第五章所说，是政府为唤起国民投资而特别设立的制度。下面先大致介绍一下 NISA 是什么样的制度。

一般来说，购入股票或基金后再卖出，若产生利润或有分红，会被征税。但是，如果利用事先在金融机构开立的 NISA 账户购买基金或股票，那么转让收益和分红等享受免税的优惠。

如果不使用 NISA 账户，而使用一般账户理财，只要产生收益，那么不必多说，一定会被扣掉 20.315% 的税。既然这样，就没有不利用的道理吧。NISA 的投资对象商品有国内外的上市股票、基金、ETF、REIT（不动产投资信托基金）等，范围广，灵活性高。而且，NISA 账户里的产品可随时卖出，流动性比确定据出年金高。

---

① 同为面向 20 岁以上成年人的小额投资免税制度，普通 NISA 可投资股票、投资信托等金融产品，额度每年 120 万，最长 5 年免税；积立 NISA 可投资公开股票、投资信托和交易所买卖基金（ETF）等，额度每年 40 万，最长 20 年免税。

表 6-1　普通 NISA·青少年 NISA 的优点

免税投资额度（年）	120 万日元（青少年 NISA80 万日元）
期限	最长 5 年
免税投资额度（合计）	600 万日元（青少年 NISA400 万日元）
对象	普通 NISA 为 20 岁以上 青少年 NISA 为未满 20 岁
与其他制度并用	可与确定据出年金等并用
优势	投资产品的分红与转让收益等免税

事例　"利用"和"不利用"NISA 的比较：
假设 30 万日元的股票上涨，以 50 万日元卖出时。

利用NISA .... 税金 0

不利用NISA ···（50 万日元－30 万日元）× 20.315% ＝ **40630日元**

转让税（所得税+居民税）

*2023 年末以前仍可应用现有 NISA 投资，2024 年起将适用于新 NISA。额度为 122 万日元，可投资期限延长 5 年。另外，青少年 NISA 制度将作废，2024 年起将不再接受新账户开立申请。

开立 NISA 账户的金融机构可一年一换。例如，2018 年在 A 证券，2019 年在 B 银行，2020 年又换到 C 证券。在各金融机构开立的 NISA 账户最长可续用 5 年。

不过，一年中可开立的账户仅限一个。如果 2019 年在 A 证券开立了 NISA 账户，那么当年就不能在其他金融机构再开立账户。另外，在 NISA 账户内产生的股票和基金的转让损失不可与其他交易产生的利润加总。

青少年 NISA 与普通 NISA 基本相同，但原则上不允许在 18 岁前提取，账户开立也不如普通 NISA 自由，如表 6–1。

另外，由于积立 NISA 的投资对象仅限于金融厅指定的基金和 ETF，因此灵活性较差。而且，它也不能与普通 NISA 并用。

推荐 20 岁以上人群先利用确定据出年金等配置经预先扣除后的富余资金（B 阶段），若仍有余力，再利用 NISA 进行投资（C 阶段）。

图 6–7 和图 6–8 分别介绍了并用的典型案例。

创建"月存 5000 日元，收入自动增加的系统"

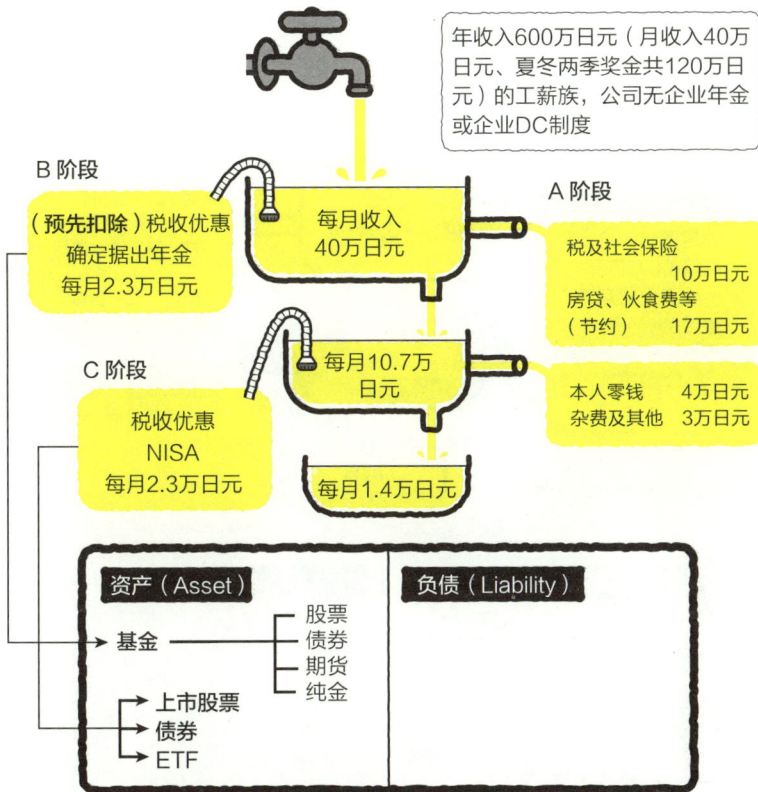

年收入600万日元（月收入40万
日元、夏冬两季奖金共120万日
元）的工薪族，公司无企业年金
或企业DC制度

B 阶段

（预先扣除）税收优惠
确定据出年金
每月2.3万日元

每月收入
40万日元

A 阶段

税及社会保险
10万日元

房贷、伙食费等
（节约）　17万日元

C 阶段

税收优惠
NISA
每月2.3万日元

每月10.7万
日元

本人零钱　4万日元
杂费及其他　3万日元

每月1.4万日元

资产（Asset）

基金 ─── 股票
债券
期货
纯金

→ 上市股票
→ 债券
→ ETF

负债（Liability）

※该案例的收益率模拟见第184页

图 6-7　确定据出年金与 NISA 并用案例①

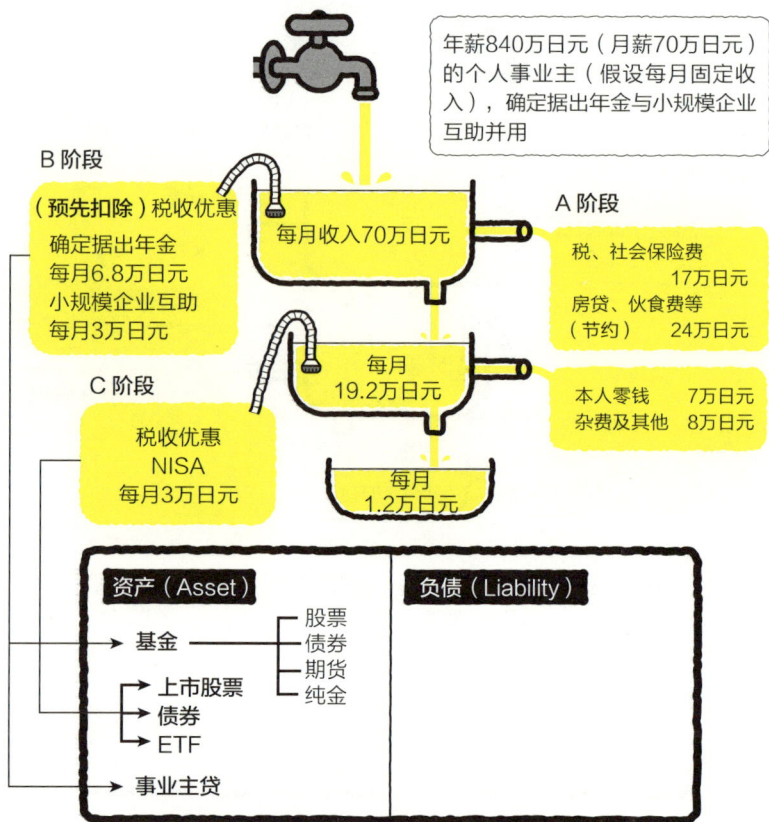

年薪840万日元（月薪70万日元）的个人事业主（假设每月固定收入），确定据出年金与小规模企业互助并用

B 阶段

（预先扣除）税收优惠

确定据出年金
每月6.8万日元
小规模企业互助
每月3万日元

每月收入70万日元

A 阶段

税、社会保险费
17万日元
房贷、伙食费等
（节约）24万日元

C 阶段

税收优惠
NISA
每月3万日元

每月
19.2万日元

本人零钱 7万日元
杂费及其他 8万日元

每月
1.2万日元

资产（Asset）

基金 ── 股票
债券
期货
纯金

上市股票
债券
ETF

事业主贷

负债（Liability）

※该案例的收益率模拟见第186页

图 6-8　确定据出年金与 NISA 并用案例②

③调整瑞·达利欧的理财法，投资 ETF

NISA 可投资的金融商品比确定据出年金多得多。但是，和确定据出年金一样，我想向大家**推荐**我参考全球第一投资家瑞·达利欧的投资法展开的**"ETF 投资"**。

顺便说一下，ETF 是指"交易所交易基金"（Exchange Traded Funds）。

在日本是指在东京证券交易所等金融商品交易所上市的基金，具有与特定的指数，例如日经 225 指数、东证股价指数（TOPIX）等联动的运用成果。

它具有"可进行简单分散投资""费用低""价格变动易追踪"等优点。

购买日本本土 ETF 产品最低可从约 1 万日元，购买 ETF 国外产品最低可从几千到几万日元开始。

ETF 与在介绍确定据出年金的投资对象时曾推荐过的**未上市基金"指数基金"的对比图表请见表 6-2**。

如果比较基金报酬，也就是持有期间所需的管理手续费，ETF 有低至 0.05% 的产品，因此从成本角度我也更推荐 ETF。

表 6-2 ETF 与指数基金的比较

	指数基金	ETF
特点	指数联动基金	上市指数联动基金
实时买卖	×	○
限价交易	×	○
信用交易	×	○（国内上市）
基金报酬	约0.15%	约0.05%
最小购入单位	约1万日元（也有最低可从100日元起进行交易的网络证券）	约1万日元起（国内） 几千至几万日元（海外）
买卖手续费	0日元较多	约0～0.15%×2（国内） 约500～3000日元×2（海外）
金额指定买卖	○	×
自动储蓄	○	×（也有例外，但成本较高）
红利自动再投资	○	×
确定据出年金	○	×

出自吉泽大著《新手也能看懂的金融商品解剖图鉴》（KANKI 出版）

④分配给 5 个 ETF

ETF 按以下比例配置（未考虑汇率变动风险）：

· 30% 为全球股票相关，例如：名为 VT 的 ETF；

· 25% 为通胀联动债券相关，例如：名为 VTIP 的 ETF；

· 30% 为全球债券相关，例如：名为 BNDW 的 ETF；

· 10% 为黄金相关，例如：名为 GLD 的 ETF；

· 5% 为商品交易相关，例如：名为 DBC 的 ETF。

对比瑞·达利欧的投资组合，这里没有集中投资美国国债，而是也广泛投资了通胀联动债券和全球债券。另外，黄金相关配置比例大于达利欧的，商品交易相关配置比例减少。

达利欧本就推荐黄金的实物投资，而我推荐投资 ETF，因此这也是我们的不同之处。

不过，我们的基本想法一样。我参考达利欧的理财法，思考了可获得长期且可靠的收益率的分散投资法。

关于这一投资组合，我在实施了 1978 年到 2017 年近 40 年间的回溯试验①后发现，其**平均收益率近 10%，与达利欧基本相同**。

---

① 可进行回溯试验的网址如下，仅供参考：https：//www.portfoliovisualizer.com/ backtest−asset−class−allocation。

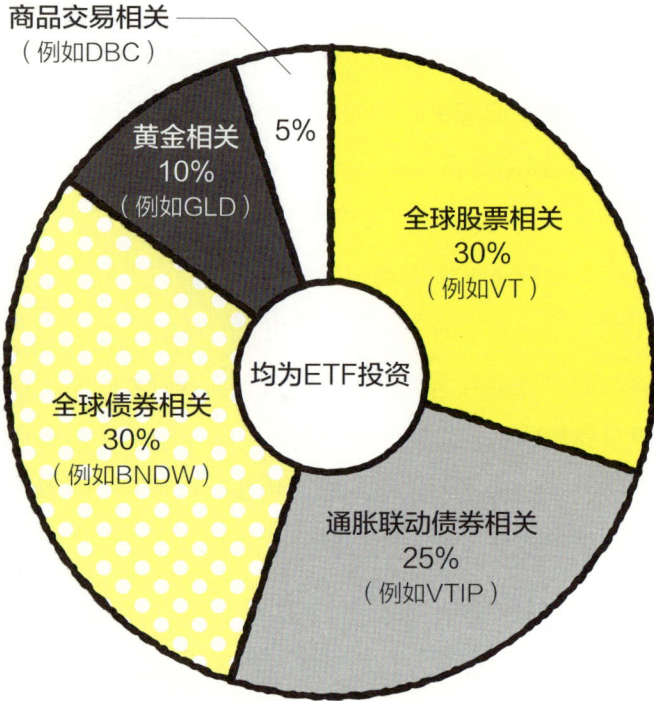

商品交易相关
（例如DBC）

黄金相关
10%
（例如GLD）

5%

全球股票相关
30%
（例如VT）

均为ETF投资

全球债券相关
30%
（例如BNDW）

通胀联动债券相关
25%
（例如VTIP）

图 6-9 在 NISA 额度内进行投资时的推荐分散投资例

如果将科学性这个词定义为"被历史数据证明，可复制"，那么，可以说这是"**经科学证明的能获得近 10% 年收益的配置比例**"。

因此，只需把通过瀑布的思考方式赚来的可用来投资的资金，以该比例进行投资就可以。

如果再**创建**一个投资金额能够自动按此比例分配的**系统，那基本上就无须再进行调整变动了**。

这是长期投资中不可动摇的原则。绝不能被信息干扰，频繁更改比例。无论是瑞·达利欧还是巴菲特，投资产品一旦买入几乎很少卖掉。正如书中反复提到的，人类不擅长应对恐惧，因此容易被信息所干扰。

请相信全球顶级投资家，沉着应对。

D 阶段　参考沃伦·巴菲特的投资法

①沃伦·巴菲特为何被称为"投资之神"

C 阶段投资后仍有富余资金的人，请继续参考被誉为"投资之神"的沃伦·巴菲特的股票投资吧。

这种投资与其说是自动化的，不如说是更为主动的，而且从这一步开始也逐渐展现出投资原本的趣味。下面就为大家介绍一下。（当然我 7 岁的儿子也在实践。）

参考沃伦·巴菲特的投资法的原因无须多言。他从 17 岁开始投资，将约 60 万日元的本金增加到了约 6 万亿日元。

与达利欧一样，这个数字是经过证明的，且可复制，即科学地取胜。

是选择某家证券公司窗口工作人员推荐的股票，**还是买入"投资之神"持有的股票，答案是显而易见的吧**。

非常难得的是，巴菲特**"购买了哪只股票，买了多少"的信息全部公布在网上**。这当然是免费的，而且，不需要加入任何会员。

这也是因为美国有这样一条规则："投资家管理操作的资产达到一定规模以上时，必须公开买卖信息。"

多么造福大家的规则。怎么能不模仿呢？

查看公开有巴菲特股票投资内容的网页可以实时了解他买了什么股票，买了多少。

巴菲特这种级别的投资家，经常仅仅因为他买入了某只股票，该股票的股价就应声上涨，价格变动也能在该网站看到。

查看该网站，你就能了解"巴菲特以多少钱买入的这只股票，现在股价多少""现在股价低于巴菲特的买入价，应该可以买入"等。

②模仿巴菲特的买入方式时

顺便说一下，美股最少可只买一股，有很多股票一股几千日元就能买到。股价较高的亚马逊和谷歌每股也就 10 万日元左右，哪怕是苹果也不过 2 万日元就能买。

买入方法很简单。前往证券公司，说明**"想开立账户购买国外的股票"**，就会有人帮你办理手续。

尤其推荐 SBI 证券，因为手续费便宜。如果是熟悉股票投资的人，推荐同样手续费便宜的其他网络券商。

说实话，没有人能预知未来股价会上升还是下降。

我当然也不知道。

所以，**不如让"投资之神"代替自己思考，自己放弃无谓的抵抗，模仿即可。**

另一个推荐模仿巴菲特的理由是，他是价值投资家，也就是"长线作战买入股票"类型的投资家。

巴菲特买下一只股票会持有二三十年，不会两三个月就卖出，所以模仿者能够放心投资。

③关于其他投资方法

上文介绍了通过调整或模仿瑞·达利欧和沃伦·巴菲特的理财法来投资的方法。

至于难度再高一点的，我想推荐"期权交易"。但这是一个要用两天研讨会时间才能说清楚的产品，因此本书不做介绍。

还有一种方法是：如果理财做得不错，有了500万日元可以拿来自由投资，可以用这笔钱做首付，开始投资不动产（这个我最擅长）。不过，这种方法也等下次有机会的时候再讲。

你可能已经注意到，瀑布投资法并非在D阶段就结束了，它还能继续延伸。

但是，如果能把这几步做好，就能获得稳定的收益率，收获"自由"与"安心"，因此请好好实践。

出自巴菲特领导的控股公司伯克希尔·哈撒韦2020年2季度财务报告

图 6-10　沃伦·巴菲特的股票投资组合

（截至 2020 年 6 月末）

应绝对遵守的瀑布的"三个规则"

创建"瀑布投资法"有 3 个必须遵守的规则。

接下来分别进行介绍：

规则① 遵守 A、B、C、D 的顺序

上方的瀑布潭不满，水就进不到下一个瀑布潭里。

首先，在 A 阶段尽可能减少不必要的开支。这一步完成后再进入 B 阶段。同样，在 B 阶段没有参加并利用确定据出年金的人不要贸然进入 C 和 D 阶段。

然而，有些人明明没有落实好 A 与 B 阶段，就开始四处投资。

这样的人很可怜，而且他的资产不会增加，想增加资产要遵循一定的步骤。我主张投资应符合马斯洛的需求层次理论（图 6-11），投资时优先考虑安心与安全。

请让我基于自身经历来解释一下原因。

2007 年左右，我在国外的度假胜地购入了许多不动产。当时考虑反正要买，不如选择所在地气候好、方便游玩，自己不住的时候还能出租的房产。但是，第二年遇上雷曼危机，我购入的大部分不动产的价值都降为零。

那时我每天背负着巨大的压力，身心无法专注工作。投资资金几乎耗尽，被逼到绝境。我满脑子想的是获得了"自由"，却完全放弃了"安心"。

这段经历带给我最大的教训是：失去安心，人生将无比艰难。**有"安心"作为基础，才能享受"自由"。**

在那之后，我始终坚持，如果自己的"安心"瀑布潭（A、B）没有装满，绝不进行其他投资。

得益于此，因为我的"安心"瀑布潭一直是满的，所以现在哪怕 C 和 D 阶段的投资收益暂时为负，我也确定不会影响家人和自己的生活。

像这样，**在精神与资金均建立在安心安全的基础上，再进入下一个名为挑战的投资方式才是理想的投资方式。**

规则② 绝不随意变动

投资之神沃伦·巴菲特的老师本杰明·格雷厄姆曾留下一句名言：

投资家最大的敌人就是自己。

一篇发表于 2000 年的论文指出，投资频率和投资利润为负相关。这个观点在金融行业广为人知。

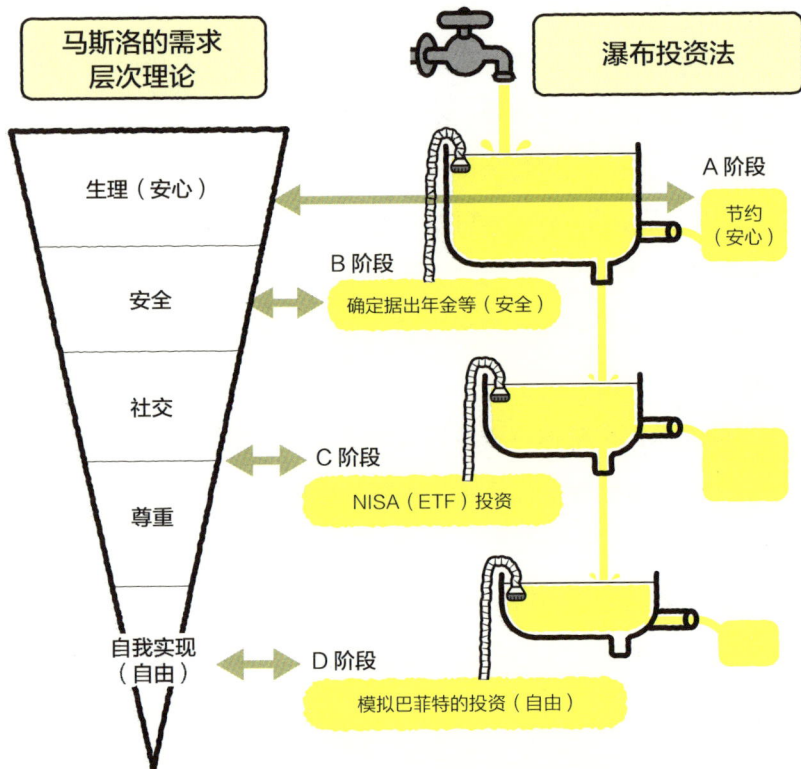

马斯洛的需求
层次理论

瀑布投资法

生理（安心）

A 阶段

节约
（安心）

B 阶段

安全

确定据出年金等（安全）

社交

C 阶段

尊重

NISA（ETF）投资

自我实现
（自由）

D 阶段

模拟巴菲特的投资（自由）

图 6-11　投资应符合马斯洛的需求层次理论

这篇论文便是《交易对财富的恶劣影响》①。

该论文以 1991 年 2 月至 1997 年 1 月的 6 年间，某证券公司的 66465 户投资用户为对象，按一个月内进行的交易（买卖）的平均次数（0~5 次）分类，对各户投资业绩表现（年收益率）进行了验证。

结果显示：每月交易 1 次的人收益率最高，为 17.9%；而调整 5 次的人收益率最低，只有 11.5%。

这说明，**投资应少动（交易），动得越多，投资收益越少。**

在证券公司工作的时候，为了增加财富，我也进行过各种各样的投资。

我最先从 FX 开始。它有杠杆效应，能以少量资金获得很高的回报，同时非常便利，可 24 小时通过手机操作。

投资初期顺利获得了收益。

但后来我用在交易上的时间逐渐增加，查看手机的次数也多起来，到最后我把电脑放在床边，过上了一晚上起来 5 次调整仓位的悲惨生活。

再后来收益慢慢减少，出现巨大亏损，最终我停止了投资 FX。

这就是好不容易搭好的香槟塔，你一碰它，装在里面的价

---

① 英文原名为 *Trading Is Hazardous to Your Wealth*：*The Common Stock Investment Performance of Individual Investors*。

值就洒了的情况。所以，**如果已经创建好了自动分配投资金额的系统，那基本上就不要再去变动它。**

规则③ 不支取

在第六章的篇章页，我插入了投资之神巴菲特的名言。他说：

"成为有钱人的规则有两条。规则一：绝不亏损。规则二：绝不忘记规则一。"

看过他的话，你是怎么想的？是否觉得"这不是理所当然的吗"？

这句话真正的意思是：**"想增加财富，就绝不要动用本金。"**

如果把本金比喻成母鸡，那么不要吃也不要卖这只鸡下的蛋。

等这只鸡生的蛋孵出小鸡，小鸡长大后生了蛋之后，你再吃鸡蛋、卖鸡蛋。

成功的投资家就是这样规避损失的。

有钱人不卖会生蛋的鸡。

母鸡（本金）
3万日元

年利率10%
获利3000日元

不动

生出的鸡蛋
不吃也不卖

小鸡
3000日元

年利率10%
获利300日元

小鸡再生小鸡
300日元

可吃可卖

可动

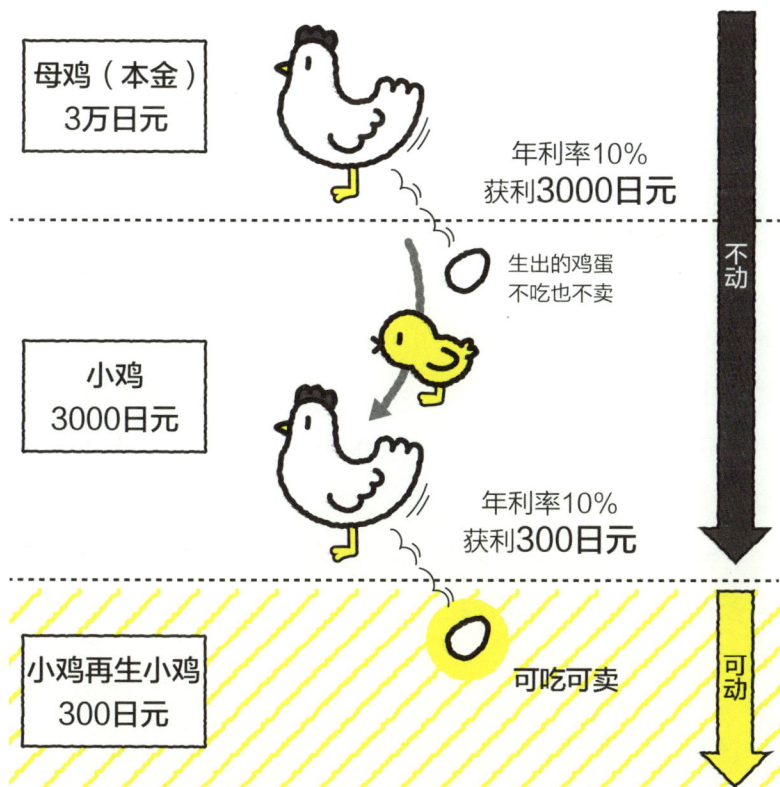

图 6-12　想用钱也不要动用本金

举个例子，假设这里有本金 3 万日元可用于投资。巴菲特主张不要动用这笔本金。

如果 3 万日元变成 1.5 万日元，这就少了一半。要想把这 1.5 万日元再增加到 3 万日元，投资收益率就必须是 100%。

换言之，要挽回损失，就需要付出 2 倍的努力。

因此，不仅巴菲特，所有一流投资家都说：**"不要减少本金。"**

有钱人其实是不怎么花钱的一群人。

那么，如果本金 3 万日元，年利率 10%，产生了 3000 日元的收益，这 3000 日元可以用吗？

回答是 NO。

只有当这 3000 日元再产生 300 日元的收益时，你才可以自由使用这 300 日元。

也就是说，**不消费本金产生的收益，管理这些收益以创造更多收益，才是投资的理论。**

创建"月存 5000 日元，收入自动增加的系统"

一年执行一次再平衡

上文提到的"应绝对遵守的三个规则"中的"不支取"是指"一旦建立了自动按某个比例分配投资金额的系统，就基本不要再动"。

但是，这当然不是说一辈子都不要做任何调整。

我们需要每年或每半年进行一次再平衡（再调整）。

不过，进行再平衡时也不要考虑过多，遵照规则，按部就班进行调整即可。

要做什么呢，其实就是**把 4 个指数基金的金额比例恢复到开始时的比例**。

请回忆一下我推荐的指数基金的投资组合：

开始时的投资比例为 30% 美股相关，55% 国债相关，10% 黄金相关，剩下 5% 商品交易相关。

半年或一年后，有的产生了收益，有的出现亏损，金额与最初的比例应该不一样。

因此，通过**卖掉增长的资产，买入减少的资产，将整体金额比例恢复到初始比例**。

"什么？卖掉赚钱的，买入亏钱的？"不需要胡乱想这些。

目前上涨的未来一定会下降；现在下降的，只要有通胀，未来也一定会上涨。

尤其日本政府已明确表示将推动通货膨胀，因此可以说，在合适的时机买入低价股票，投资成功便有胜算。

简言之，这种再平衡就是低买高卖。

这样一来，收益确定无疑。

因此，什么都不要想，把它当作一项作业，只将金额比例恢复到初始比例就可以。

这就是再平衡。

讲一个有意思的现象，据说现在，越南人的投资业绩是全球所有听了投资研讨会的人之中最好的。

原因是越南人拿出近半年的收入参加研讨会，想要收回投资的意识最强烈。

他们抱着"要是参加了这个研讨会还不行就完蛋了"的态度来听讲，所以当听到"按这个比例配置投资金额，只需一年进行一次再分配"的时候，很多人会乖乖照做。

所以，听讲后越南人的投资业绩最好。

聪明反被聪明误。听信媒体或他人的信息，有可能会被愚弄。

按照我推荐的投资组合的配置比例，自动将投资金额比例进行恢复，**除每年一次的再平衡外不做任何变动**。这才是最优做法。

　　虽然恢复至初始比例时，计算略微有些复杂，但实际上只要做一个 Excel 自动计算表就很简单了。

　　利用了 NISA 的 ETF 分散投资的再平衡更为复杂。

　　因为如果在 NISA 额度内，为了进行再平衡而卖出的话，下一次卖出时将不能再享受转让收益免税的优惠政策。

　　因此，如果是 NISA，我推荐一年后使用新的 NISA 额度来追加买入 ETF，以此将分散比例恢复到初始比例。

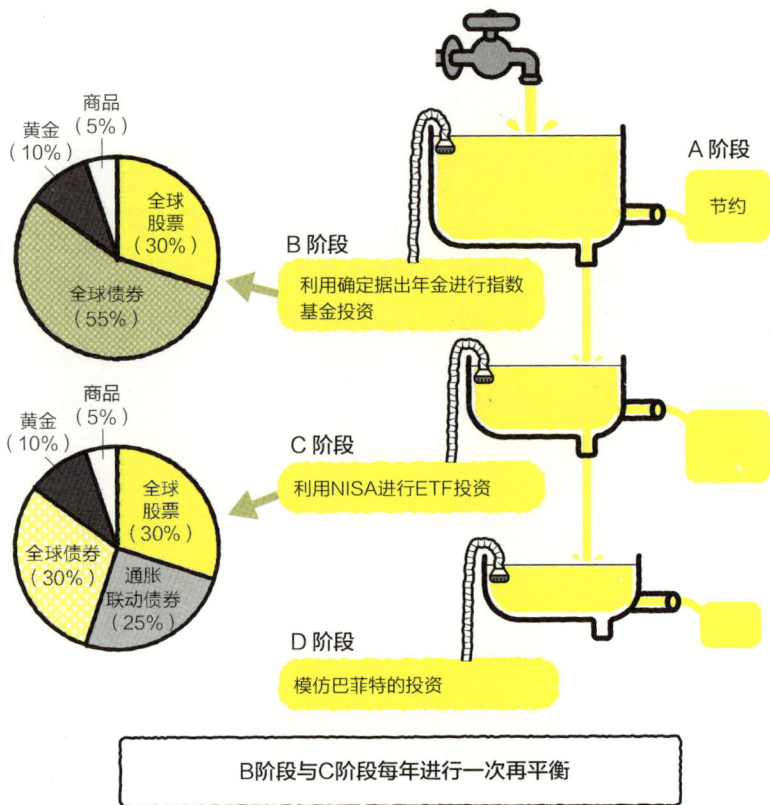

商品
（5%）

黄金
（10%）

全球
股票
（30%）

全球债券
（55%）

B 阶段

利用确定据出年金进行指数
基金投资

A 阶段

节约

商品
（5%）

黄金
（10%）

全球
股票
（30%）

全球债券
（30%）

通胀
联动债券
（25%）

C 阶段

利用NISA进行ETF投资

D 阶段

模仿巴菲特的投资

B阶段与C阶段每年进行一次再平衡

图 6-13 瀑布投资法的整体图

全年100万日元、调整了瑞·达利欧的投资组合的ETF投资

合计100万日元

全球股票 30万日元	通胀联动债券 25万日元	全球债券 30万日元	黄金 10万日元	商品 5万日元
（30%）	（25%）	（30%）	（10%）	（5%）

投资1年的结果

合计110万日元

收益率10%

全球股票 40万日元	通胀联动债券 20万日元	全球债券 25万日元	黄金 15万日元	商品 10万日元
（36%）	（18%）	（23%）	（14%）	（9%）

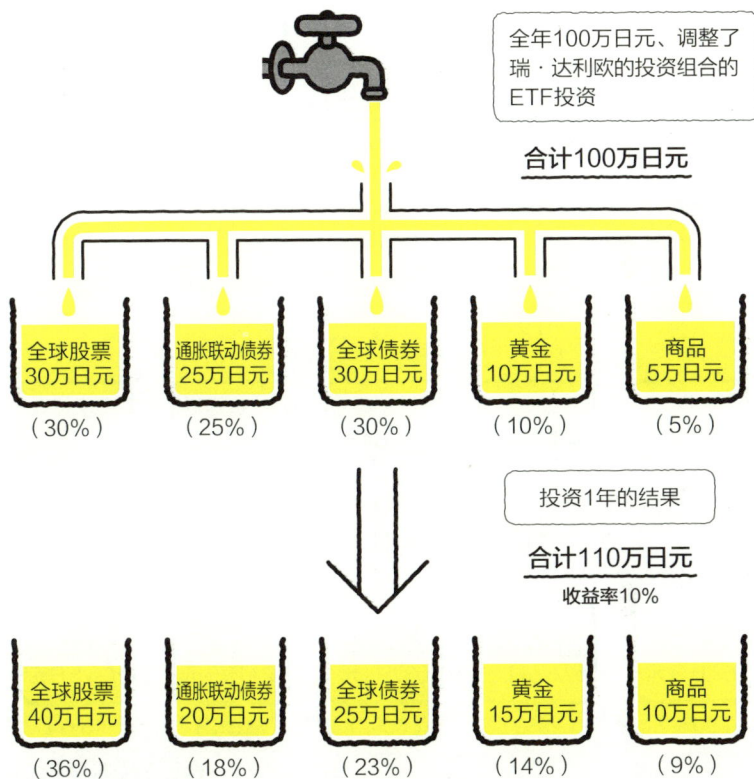

图 6-14　利用 NISA 投资五个 ETF 的全年情况

全球股票 40万日元	通胀联动债券 20万日元	全球债券 25万日元	黄金 15万日元	商品 10万日元
（36%）	（18%）	（23%）	（14%）	（9%）

追加买入100万日元将分配比例恢复到初始比例（再平衡）

买入 23万日元	买入 32.5万日元	买入 38万日元	买入 6万日元	买入 0.5万日元

全球股票 63万日元	通胀联动债券 52.5万日元	全球债券 63万日元	黄金 21万日元	商品 10.5万日元
（30%）	（25%）	（30%）	（10%）	（5%）

合计210万日元

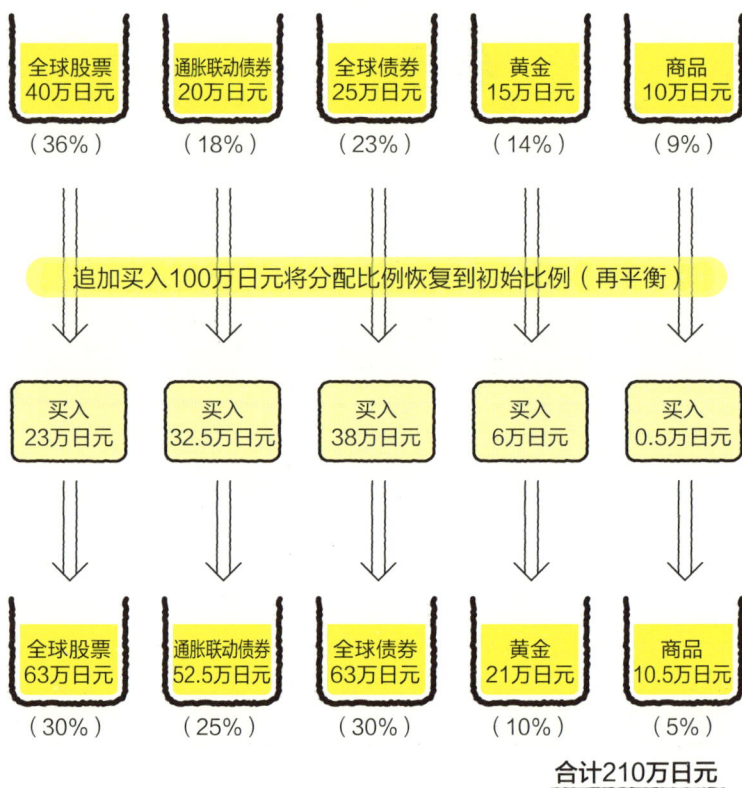

图 6-15 每年一次的再平衡操作

瀑布投资法的收益率有多少？

如果我们什么都不做，所得税和居民税就会被"代扣代缴"这个奴隶系统扣除。具体说来，就是工资的 15% 以上会被扣除。

你想着"如果是这样倒不如……"，于是下定决心投资上市股票来赚钱。可刚赚钱了却又被扣税，就会变得非常艰难。

而假设使用瀑布投资法，如果在 B 阶段利用确定据出年金制度，哪怕只是以超低利率存了某银行定期存款，因为不需要交 20.315% 的利息税，**加上月缴纳金的所得税扣除部分，也有超 15% 的巨大影响**。

而且，在确定据出年金范围内，假设通过使用基于瑞·达利欧投资法的投资法进行投资，获得了 10% 的收益，由于这部分收益免税，**就可以确保 10% 的收益不打折扣**。

另外，如果把确定据出年金每月缴纳金额所对应的所得税扣除部分也考虑进来，那么，**单纯计算，B 阶段年利率有 20% 自不必说，收益率超过 25% 也是有可能的**。

同样，之所以推荐在 C 阶段利用 NISA，也是因为它对投资产生的分红和转让收益免税。不过，它并不像确定据出年金一样可扣除所得税，所以不保证刚开始就有年利率 15% 以上的收益率。

确定据出年金 ⋯⋯⋯⋯⋯⋯⋯⋯⋯⋯⋯⋯⋯

> 年收入600万日元（月收入40万日元、夏冬两季奖金共120万日元）的工薪族，公司未参加企业年金或企业DC

⬆

第159页的例子

投资额

2.3万日元/月 × 12个月 = 27.6万日元

利用我推荐的投资组合

假设年收益率10%

27.6万日元 × 10% = 2.76万日元

所得税扣除

所得税率 居民税率
↓ ↓
27.6万日元 × （10% + 10%）= 5.52万日元

NISA ⋯⋯⋯⋯⋯⋯⋯⋯⋯⋯⋯⋯⋯⋯⋯⋯⋯⋯⋯⋯

投资额

2.3万日元 × 12个月 = 27.6万日元

利用我推荐的投资组合

假设年收益10%

27.6万日元 × 10% = 2.76万日元

投资整体收益率 ⋯⋯⋯⋯⋯⋯⋯⋯⋯⋯⋯

（2.76万日元 + 5.52万日元 + 2.76万日元）÷（27.6万日元 + 27.6万日元）
= 11.04万日元 ÷ 55.2万日元 = 20%

※在这个例子中，确定据出年金和NISA金额相同。

图 6-16-1　瀑布投资法的收益率是多少？①

184

但是，如果不利用 NISA，投资分红和转让收益就需缴纳
20.315% 的税，因此用 NISA 还是有很大优势。

在 NISA 额度内也要调整瑞·达利欧的投资组合，最大限
度地利用好日本当前"不交税也可以"的制度。

若这一步过后还有富余的资金，那么就可在 D 阶段模仿沃
伦·巴菲特的投资法**赚取利润**。

瀑布投资法下游的整体收益率比 B 阶段低，但与一般投资
相比，税后净收益率应该高得多。因此，一起利用税收优惠制
度，调整世界顶级投资家的投资法，**实践财富自动增加的方法，
成为富有思维人群吧！**

从长远考虑，还可以拿利用确定据出年金和 NISA 获得的
收益做首付，进行不动产投资。虽然，也有人是借钱投资不动产，
但不是自己直接还款，而是用房租收入还。总之，让钱努力工作，
让自己变成钱的主人吧！

确定据出年金 ....

> 年收入840万日元（月收入70万日元）的个人事业主，确定据出年金和小规模企业互助并用

投资额

6.8万日元/月 × 12月 = 81.6万日元

利用我推荐的投资组合

假设年收益率10%

81.6万日元 × 10% = 8.16万日元

第160页的例子

所得税扣除   所得税率   居民税率
                ↓   ↓

81.6万日元 ×（20%+10%）= 24.48万日元

小规模企业互助

投资额

3万日元/月 × 12月 = 36万日元

满足一定要求条件时的收益率

36万日元 × 1% = 0.36万日元

所得税扣除   所得税率   居民税率
                ↓   ↓

36万日元 ×（20% + 10%）= 10.8万日元

NISA ....

投资额

3万日元/月 × 12月 = 36万日元

利用我推荐的投资组合

假设年收益率10%

36万日元 × 10% = 3.6万日元

投资整体收益率 ....

（8.16万日元 + 24.48万日元 + 0.36万日元 + 10.8万日元 + 3.6万日元）
÷（81.6万日元 + 36万日元 + 36万日元）= 47.4万日元 ÷ 153.6万日元
= 30.86%

※这个例子重视资金转换率，未完全利用小规模企业互助，部分利用了NISA。

图 6-16-2　瀑布投资法的收益率是多少？②

扩大瀑布靠什么？

最后告诉大家瀑布投资法中，最有效率且能切实增加资产需要的是什么。

那就是增加 A 阶段里你的工资，即收入。而且能做到这件事的只有**你自己**。

瀑布的源头水量越多，流入瀑布潭的水量就越多，资产也能在短期内增加。

那么，为了增加你目前的收入，该怎么做？

正如第二章中金钱的定义里所说的，**不要光盯着赚钱，要关注自身可提供的"价值"**。

也就是说，要思考如何运用自身能力和技能让别人快乐。

为了提升可贡献的"价值"，你需要不断磨炼名为"你"的资产。

在这个世界上，没有比你更优秀的资产。

因此，希望你**不要吝啬对自己投资**。

举个例子，假设有一位现年 30 岁的商务人士。他投资自己换了工作，月薪涨了 10 万日元。换言之，他多了一个一年可产生 120 万日元的资产。

如果是购入了一处可几十年持续不断，每年产生 120 万日元的不动产，那么该资产价值为约 2400 万日元（假设不动产收益率为 5%）。

也就是说，投资自己，**如果能实现月薪涨 10 万日元，那自身的资产价值就增加了 2400 万日元**。

而且，与不动产和其他资产不同的是，如果能不断实现自我提升，自己就不会失去价值。

可以说，**自我投资才是没有风险的终极投资**。

我父亲每年在孩子身上投资超过 1000 万日元的理由

我保存着一张自己小时候的照片。

照片里我和哥哥姐姐三人挤在一起睡在一间四叠①大小的破破烂烂的房间里。后来我们又有了弟弟，我们四个孩子就是在这样一个狭小破旧的家中度过了年少时期。

我在横滨的国际学校读的小学，中学又转学到世谷田的国际学校。我觉得每天花三个小时往返家和学校非常痛苦，有一次我问父亲：

"阿布（巴基斯坦语称呼父亲），我们为什么要去那么远的地方上学？朋友们上的学校都离家不远。"

听完，我父亲这样对我说：

"因为与其花一大笔钱买房，我宁愿投资回报更高的孩子的教育。"

我到现在也忘不了父亲那时说的"回报"这个词。

上文提到，不管买多大的房、多高级的车，只要不满足一定的条件，就都是负的资产，即无法产生利润的资产。父亲正

———

① 叠：日本房屋面积单位，一叠为一张榻榻米的大小，约为 1.62 平方米。

因为知道这个道理，所以他一丝不苟地实践了为获得最高收益率的名为教育的投资。

国际学校每年的学费是一个人 250 万日元，因此一般家庭负担不起。

其实学校里大部分孩子的学费由他们父母任职的公司（多为外资）或父母经营的公司支付。我们这种个人事业主家庭的小孩非常少见。

父亲一定是节衣缩食，把钱花在了我们的教育上。

我们四个孩子上国际学校，再到美国上大学，每年至少要 1000 万日元。从老大到老幺，父亲持续投资我们近 20 年。

父亲常常这样对我们说："我没打算把钱花在一时的快乐或社会地位上。但为了你们的教育，无论多少钱我都会出。"

父亲有一个坚定的哲学：

不为虚荣和面子花钱是他的原则。

这正是富有思维下的思考方式。

可以说，虽然那时生活清贫，但投资却是大手笔。

我从美国名校毕业后，进入金融行业工作。

虽然是新员工，但我工作一年就赚到了日本工薪族工作一辈子才能赚到的钱。

接着 20 多岁赚到了 10 亿日元资产，30 多岁成功开创了事业。

　　年长我 4 岁的哥哥在美国经营一家年营业额 10 亿日元的 IT 企业，大我 2 岁的姐姐在美国做移民律师，小我 1 岁的弟弟在纽约做内科医生。

　　父亲在天堂应该也会为"投资都得到回报了"而感到高兴吧。

　　我从父亲身上学到的最重要的一件事就是：**"世界上唯一不用折旧的财产就是'自己'。"**

　　父亲的教诲一直留在我们兄弟几人的内心深处，令我们内心充盈。

　　现在，为了把父亲的教诲告诉更多人，包括下一代的孩子们，我写了这本书。

　　希望这本书能帮助你提高最无价的资产，即你自身的"价值"，收获"安心与自由"。

后　记

希望你明天就这样做

阅读本书时，过滤器会来干扰

感谢你读到最后！

在结束本书之前，我要对你说。

据说，人在阅读时受到的潜意识过滤器的干扰比其他任何时候都多。

第五章里提到，之所以许多人不管读了多少自我启发类的书却还是无法付诸行动，是因为 6 岁前的"大我"会播放磁带，告诫你"不要被这种书骗了"。

没有意识到磁带的存在，以及磁带在播放的人，阅读的自我启发类的书越多，就越是自认为了解得多，反而使得信息被屏蔽，进而无法付诸实践。

第六章讲到"越南人参加完研讨会后的投资业绩非常好"。我说那是因为他们觉得自己花大价钱参加了研讨会就要"拿回本!"。也就是说,他们将潜意识放在一边,让大脑处于完全开放的状态,接收信息,按部就班实践并最终取得了成果。

高额研讨会有原因

因此,为了让参加者认真参与并实践,主办方反而收取高额的参加费。

"失去金钱"带来的"痛感"会让参加者认真对待研讨会。

10万日元的研讨会很便宜。有人说支付40万日元参加费才会有20%的参加者认真起来并有所改变。

当然也有诈骗研讨会。但据我调查,干货越多的讲师的研讨会,参加费也越贵。

据说著名的安东尼·罗宾的咨询课程,一年共计12小时,收费1亿日元。

他40年来坚持提供物超所值的研讨会。如果参加费是100万日元,那么他会提供价值1000万日元的内容;200万日元则提供价值2000万日元的内容。

所以,不惜花1亿日元也要来参加他的研讨会的人络绎不绝。

其实他已经不需要钱这东西了。

设置高额的参加费是一种"爱"，想让参加者认真对待研讨会的"爱"。

希望你明天就做的事

我通过这本书最想做的一件事是：希望你能意识到自己的过滤器的存在，并让自己的大脑处于开放状态，阅读本书。然后去行动。

有行动了，结果会改变。

结果变了，观念会改变。

观念变了，行动会改变。

一旦开启这样的循环，便会获得螺旋上升。

这就是"成功体验"的力量。

有了"成功体验"，想法就会发生转变，开始认为"啊，我这样做也许会有不错的结果"。思考改变遗传基因。

读了这本书，哪怕只做一件事也好，请行动起来。

读完这本书，我希望你明天就做的事情是："对待钱，采取和过去不一样的行动。"

例如，今天就点击证券公司的主页，开设证券账户；

把过去丢进水沟里的 1 万块钱拿来投资；

屏蔽那些让你感到恐惧的负面信息……

无论做什么都好，鼓起勇气，迈出第一步。

最后我再说一次：

只要你想，增加资产不是难事。

年利 20% 是可以实现的数字。

在打开这本书以前你没有行动不是你的错。

但现在你读完了这本书，你就没有不行动的借口。

为了你自己，还有你爱的人们，我衷心希望你能迈出全新的投资人生的第一步。

米安·萨米

参考文献

（正文中未提到的部分）

哈维·艾克著，《有钱人想的和你不一样》，本田健译，三笠书房

利雅卡特·艾哈迈德著，《金融之王：毁了世界的银行家》，吉田利子译，筑摩书房

李察·邓肯著，《美元大崩坏》，德川家广译，日本经济新闻出版社*

Tim Hallbom&KrisHallbom 著，《NLP Money Clinic》，NLP&教练研究所

麦克斯威尔·马尔茨著，《心理控制术：改变自我意象，改变你的人生》，丹·S.肯尼迪编，田中孝显译，KIKO 书房

布鲁斯·H.利普顿著，《信念生物学：信念认知改变生命质量》，西尾香苗译，PHP 研究所*

苫米地英人著，《如何创造舒适区》，Forest 出版*

竹川美奈子著,《最简单! 最详细! 个人确定据出年金iDeCo 活用入门》,钻石社 [*]

※ 本部分为正文中未提及的参考文献（除 * 标记作品外，其余均为中文简体版译名）。另外，除上述资料外还参考了大量书籍，尤其英文原版书，大部分收听的是 AudioBook 上的有声书。再次向各方表示感谢。

【作者简介】

米安·萨米

1980年出生于东京都品川区。父母是巴基斯坦人。在日本国内的国际学校毕业后，进入美国杜克大学深造。专攻读医疗工学、电子工学，经济学是其副专业。在校期间开始进行实际的资产运作，投资股票、外汇等金融资产。大学毕业后进入日兴花旗证券（现花旗证券）工作。之后，跳槽到英国的对冲基金工作，专门从事"国债的相对价值（套汇交易）"业务，在鼎盛时期运作的资金量超过6000亿日元。

2009年创办太阳能电池板公司却不幸失败。第二年为东山再起进入德意志证券，以不动产为中心专注个人投资和交易，达成10亿日元的个人资产目标。2016年从德意志证券离职，挑战完全不是自身相关领域的连锁餐饮业，事业成功，顺利转型为经营者。现在正在推广因作为"区块链"的后继技术而备受期待的"Hedera Hashgraph"技术，并担任了该项技术驻日韩公司的法人代表。

另外，作为"金钱科研人"，主持了在线社区和现实研讨会——"萨米的金融健身房"，致力于提升大众的教育盲区——金融素养的水平。他那就连小学生也能听明白的解说方式，让他的财富研讨会总是人气爆棚，有很多孩子跑去参加。另外，他还是4个男孩子的父亲，既是一个爱家顾家的好丈夫，也是一个称职的好爸爸。

目前为推广个人独创同时也是本书核心的、名为"瀑布投资法"的投资方法，正举办研讨会和活动，也多次为网络媒体供稿。本书为其首部著作，另著有《7岁开始学理财：财务自由之路·亲子篇》（现代出版社2022年4月出版）。